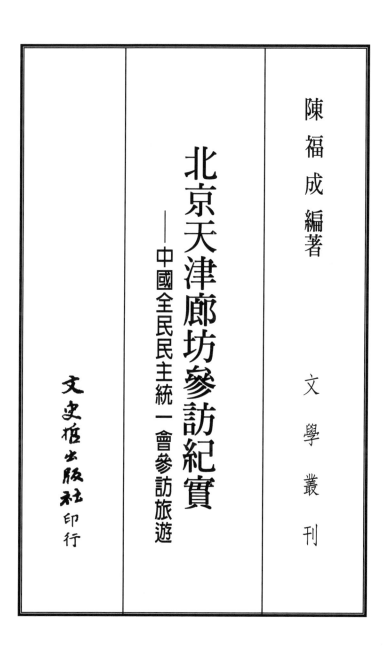

陳福成 編著

文學叢刊

北京天津廊坊參訪紀實
——中國全民民主統一會參訪旅遊

文史哲出版社印行

國家圖書館出版品預行編目資料

北京天津廊坊參訪紀實：中國全民民主統一
會參訪旅遊/ 陳福成編著. -- 初版 -- 臺北
市：文史哲, 民 108.12
　　　頁；　公分（文學叢刊；415）
　ISBN 978-986-314-498-4（平裝）

1.旅記　2.旅遊文學　3.北京市

671.0969　　　　　　　　　　　108020578

文 學 叢 刊 415

北京天津廊坊參訪紀實
── 中國全民民主統一會參訪旅遊

編　著　者：陳　　　　福　　　　成
出　版　者：文　史　哲　出　版　社
　　　　　　http://www.lapen.com.tw
　　　　　　e-mail：lapen@ms74.hinet.net
登記證字號：行政院新聞局版臺業字五三三七號
發　行　人：彭　　　　正　　　　雄
發　行　所：文　史　哲　出　版　社
印　刷　者：文　史　哲　出　版　社
　　　　　　臺北市羅斯福路一段七十二巷四號
　　　　　　郵政劃撥帳號：一六一八○一七五
　　　　　　電話886-2-23511028・傳真886-2-23965656

定價新臺幣四二○元

民國一○八年（2019）十二月初版
民國一○九年（2020）二月再版

北京天津廊坊參訪紀實

中國全民民主統一會參訪旅遊

目　　次

【序一】

北京天津廊坊參訪

吳信義

　　因緣際會下，全統會於 2019 年 9 月 17 日～24 日舉辦北京、天津、廊坊八日參訪之旅。團員有全統會員，還有台北市長青銀髮族的好友們，一行計 27 人。

　　兩年前八月上旬，全統會一行 33 人前往廣西南寧參訪，回台後半個多月，由文史哲出版社出版《廣西參訪遊記》── 中國全民民主統一會廣西、南寧、崇左、巴馬參訪行。文由陳福成君主編，照片大家提供，由彭正雄社長出版，留下圖文並茂，長達二百頁的甜蜜回憶。

　　這次的「北京、天津、廊坊」參訪，行程也很豐富，除了參訪重要景點，拜訪工商企業園區，更參觀了在北京舉行的世界園藝博覽會，感受了祖國的繁榮強大。

　　此次再度組團參訪，福成君仍自告奮勇擔任行程紀實，除了請團員提供心得及照片，當集思廣義，在團員熱忱贊助資金下，共同完成此遊記。基於凡走過必留下足跡，我們達成共識，大家都願意提供資訊，我們將編排團員大頭照芳名

錄，彼此更進一步熟識，參訪名勝景點團體照，期待大家的文圖成果，早日呈現在遊記上。

　　感謝本會執行長勞政武博士，同意將〈全統會的創立與奮鬥〉一文列為本書附件。此行能夠圓滿完成，感謝大陸各級省市台辦、各單位的貼心安排，及全體會員的配合。

中國全民民主統一會

會長**吳信義**誌於 2019.10.02

【序二】

寧共毋獨　我與全統會的因緣

吳信義

「中國全民民主統一會」於民國七十九年元月廿一日在臺北國軍英雄館舉行成立大會後,依法報內政部成為合法的政治團體。創會會長滕傑先生是「三民主義力行社」(即復興社)的創始者,曾任南京市長、國大黨部書記長等要職,有殊勳於黨國。第二、三任會長是陶滌亞將軍,隨後王化榛先生接任四至七任會長。本會延綿長達廿七年之久,成為臺灣地區有活力而最長久之政治團體,胥賴前賢功德垂昭所致。

本人忝任本會秘書長一職長達十六年,於民國一〇五年四月一日承王會長及全體先進同仁抬愛,推為第八屆會長;鑒于當前兩岸情勢危殆,敢不從命擔當艱巨?今後只有堅持本會既定目標——中國的和平民主統一,盡其在我、全力以赴而已。願全體同仁共勉之!

當前兩岸情勢凶險!因執政者始終懷抱「台獨」迷夢,拒不承認「九二共識」,悍然不顧臺灣二千三百萬同胞的前途福祉,妄圖牽引日寇餘孽及帝國主義者力量,抗衡正在和平

崛起中的祖國大陸，甚至妄想敲碎中華民族復興的「中國夢」！是可忍，孰不可忍？「寧共毋獨」是滕先生當年創辦本會所定的奮鬥路線，今天我們只要更篤定遵循這條路線努力下去，必定成功、勝利！

序詩：頌，中國全民民主統一會

陳福成

頌！中國全民民主統一會
滕傑、陶滌亞、王化榛、吳信義
你們開天闢地，守護家園
你們上承三皇五帝、秦皇漢武、李杜三蘇
把中華文化傳揚
把兩岸同胞融合

滕傑、陶滌亞
先賢先烈，全身烈焰
從戰火中走來
河山
所有的空間滿是彈孔
所有的時間都是砲擊
邪魔勾結倭寇
白骨堆成的河山
長江黃河怒，水都沸騰
怒江亦怒

怒氣未消之際
已被一個大時代的怒濤巨浪
沖向南蠻孤島

休息是為了走更遠的路
休兵是為了再壯大
整軍經略是為了收拾舊山河
誰知道時間也會殺人
殺死了偉大的領袖
殺死了領袖的兒子
群龍無首，歪道橫行
滕傑、陶滌亞先後起而奮戰
以「中國全民民主統一會」之名
發出一道合乎吾國吾族吾祖思維
神咒旨令
「寧共勿獨」
有效時間：千秋萬世
負責執行：中華兒女，子子孫孫

滕傑、陶滌亞
你們現在是中國人的精神典範
吾取五嶽之土
雕塑你們的超凡神像
只是我們不要把你倆神格化
因為我怕、怕
我們酒喝多了，太高興了

忘了使命，失了勇氣
你倆得冷峻地看著人間
盯著我們所有會員
只有冷峻、理性的民族精神
就算你倆心中充滿愛
也只能公事公辦
救國家、救民族
讓廿一世紀成為中國人的世紀
寧共勿獨啊！

王化榛、吳信義
前領導和現領導
都是我們的老大哥
您帶著我們、我們追隨您們
找尋未來的中國夢
在這夢境
我們不想去玩誰、攻打誰
我們玩玩平等的遊戲
向人展示
西塘明月、烏鎮漁火、周庄幻境、婺源秋色
西湖斷橋、宏村桃源，以及神州四極風光
找尋這個夢很難嗎？
是有點難

這個夢，我們找了五千年
高興過、失望過、迷茫過

但從來沒有放棄過
有時候，好像要圓夢了
又分開
不久似又合而為一
來一陣魔界黑風
又吹散了
這些年來，王會長、吳會長
帶著大家努力追夢
寧共勿獨

中國夢
也是中國全民民主統一會的夢
我們共同在做
這不是白日夢
睜開眼、人清醒，你所看到的世界
全球中國化
都是一步步接近夢想成真的喜悅

頌——
中國全民民主統一會
頌——
滕傑、陶滌亞、王化榛、吳信義
大法傳承
在南蠻亂邦
在越來越黑暗的地方
我們點起一盞光明燈

絕不要讓黑暗佔領所有地盤
點燃一盞燈
也可以北望中原
可以實現中國夢的地方
必然也是一片光明
照亮全球

再頌——
中國全民民主統一會
因為你的愛
愛炎黃的血緣從你的先祖傳到你
你的體內流著炎黃的血緣
因為你的愛
愛中華文化，愛先祖住的神州大地
我們的土地、我們的文化
我們的子民、生生世世子孫
快樂生活的天地
我們怎能不愛？
中國全民民主統一會，頌！

向總理　孫中山獻頌詞

台客　撰稿、朗頌

國父中山，世之偉人，領導同志，推翻滿清，驅逐韃虜，恢復中華。

國父中山，世之偉人，仁心仁術，醫國醫民，一生奔走，救亡圖存。

國父中山，憂國憂民，首創三民，拯救中國，民主民權，民生最重。

世界潮流，浩浩蕩蕩；順之者昌，逆之者亡。揚我中華，奮我國威。

博愛世人，天下為公。濟弱扶傾，世界大同。贊我國父，志業長昭！

頌我國父，精神永存！贊我國父，志業長昭！頌我國父，精神永存！

中國全民民主統一會　全體敬上

2019 年 9 月 20 日
於北京香山碧雲寺

趙尺子先生遺像

國民政府勝利勳章

同是脈務何如家中主
婦每人時我～卿～應
悔詘光誤一字牢～
記佳哄是家之肥愛
之素　倘阿夫愛此兒
親此父兒哭不怒父
罵不怒轉須學貓做
狗養志承歡甘孝
慈不反顧　遠總
是哄到極處也愛州
極変胡椎夫錯亂了
桃源路直把簡哄字
兒誤作了欺人術
相哄愛不过相争惱不
吳誤巳誤家更把新
民誤大我夫婦　明

年此日花滿樹把你俩
泥水揑成簡娃兒携
素相陪

右如意曲一首趙兩時
先生所作趙先生隨地
鐘滴而家庭生活吾桃
和靜自诮浮力於一哄
字此曲素揮哄字哲
學極～有辭熱诚之可
怀出评多道此前右偏
設及甚中軼路事趙先
生書笑嗚錯如曲為礼
因州～命墨以博
是中志乎
桂芳女士　一笑
短亭漱说

趙尺子先生遺墨

九

中國國民黨中央執行委員會證明書

兹查趙尺子同志業經本會革命勛績審查委員會決議認為確合於公務員任用法第三條第四款所規定致力國民革命七年以上而有成績經證明屬實者之資格准予發給證明書此證

中國國民黨中央執行委員會
革命勛績審查委員會
主任委員 吳敬恆

成宇第叄肆壹號

中華民國　年十二月　日
右給趙尺子收執
革命勛績審查委員會第九十四號　本會議決議驗給

國民黨革命勛績証書

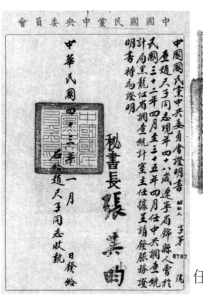

中國國民黨中央委員會

中國國民黨中央委員會證明書
兹趙尺子同志現年四十六歲遼寧省有錦縣人曾於民國三十二年四月至三十五年四月任中共調查統計局黑龍江有調查統計室主任據王靖廨服務證明書特為證明

中華民國四十六年一月　日發給
秘書長張厲生
右給趙尺子同志收執

任黑龍江省統計室主任証書

兹聘趙尺子同志為本院研究委員會委命反攻理論與方法研究組專題研究委員自本年五月份起至八月份止

院長蔣中正
主任陳誠

革命實踐研究院聘書

趙尺子先生遺像

勳章證書

國民政府為趙尺子在抗戰期間著有勳績特頒給勝利勳章

此證

勝字第一三七八號

中華民國三十四年十月十二日

國民政府主席 蔣中正

國民政府勝利勳章

北京天津廊坊參訪團員圖像

會長吳信義

副會長林秀珍

副會長張　屏

陳淑貞

陳美枝

廖振卿(台客)

王世輝

吳坤德

謝隘全

歐陽布

陳秀梅

金　玲

吳淑媛

吳珠延

張若鋆

王蜀禧

邢學明

王安邦

周佳儀

陶增山

邱蓮霞

邱麗霞

林錦堂

葛建業

領隊黃進發

劉小英　　劉立祖

北京台灣同胞聯誼會館團體照，中間是館長王國防，9.19

北京天津廊坊參訪團員活動影像

左起：林秀珍、台客、會長吳信義、陶增山、王世輝，林錦堂、陳秀梅、吳珠延。　9.20

孫中山紀念堂北京香山碧雲寺 左起黃進發、台客、會長、陶增山

會長吳信義率代表於香山碧雲寺向總理孫中山獻花致敬，9.20

座談會，北京台灣會館，9.18

會長致詞，感謝北京台灣同胞聯誼會宴請，9.19

拜會安次高科技產業園區

王蘭棟書記受贈本會紀念牌，北京台灣同胞聯誼會，9.19

贈便宜坊老闆紀念牌，9.19

王書記贈紀念品，9.19

團員於北海公園留影，9.19

團員們享受涮羊肉火鍋與主人關先生合影，9.19

參觀世界園藝博覽會合影，9.19

歐陽布（左）、劉立祖（右）

天津意大利景區　　9.24

贈「兩岸一家親」紀念牌，9.19

左起：
邢學明、
陳淑貞
王蜀禧、
陳美枝

北寧公園
9.23

天津廣東
會館
9.23

左起：
吳信義、
歐陽布、
謝隘全、
台客。
9.21

→天津廣東戲樓前，9.23

團員慶生會，9.19

天下第一關前團員合影，9.21

廊坊市台辦，9.19

北京台灣同胞聯誼會館，9.19

廊坊高科技園區，9.18

廊坊市台辦段主任宴請，9.18

北京便宜坊烤鴨集團前合影，9.19

天津天后宮前團員合影，9.23

東興文教基金會陳淑貞董事長致贈禮物，9.18

廊坊市台辦贈紀念牌，9.18

香山碧雲寺前團員合影，9.20

安次區經濟技術開發區團員合影，9.18

安次區經濟技術開發區團員合影，9.18

萬里長城居庸關前團員合影，9.21

北京雍和宮前團員合影，9.19

安次區經濟技術開發區團員合影，9.18

霸州市博物館前團員合影，9.18

張屏、張若鋆父子合影　　　　吳信義、吳坤德昆仲合影

五味飄香館前(左起)台客、黃進發、會長吳信義合影

第 1 章　第一天，啓航：
台北、天津、廊坊

時間：九月十七日　星期二

計畫已久的中國全民民主統一會的北京、天津、廊坊八日參訪，同時前往正在舉辦的「北京世界園藝博覽會」一遊，終於順利啟行。此行在會長吳信義號召下，不單單只是玩樂，而是再一次親近祖國大地，感受我中國之強大、繁榮、壯盛的氣氛，增強未來兩岸統一的信心，與本會宗旨有進一步的連結。不是只有吃喝玩樂，熱鬧一番，酒足飯飽，腦袋空空。我們清楚明白，為何而來？所為何事？

下午，台北的天氣不錯，約好在台北國際機場第一航站集合。信義會長仔細看到每張興奮的臉，每個快樂期待的歡笑，點點人頭，一隻都不能少：張屏、張若鋆、吳淑媛、吳珠延、吳坤德、邱麗霞、廖振卿、歐陽布、林秀珍、陳秀梅、陶增珊、周佳儀、王世輝、邱蓮霞、陳淑貞、陳美枝、王蜀禧、謝隘全、葛建業、王安邦、劉立祖、劉小英、林錦堂、刑學明、黃進發和會長共二十七人。

下午四點四十五分的飛機，按照預訂時間遲了近兩小時

才起飛，機上一片熱鬧熟悉的語言，感覺已在海峽上空。從機窗望出，浪潮越來越小，飛機已在雲端之上。不久，空服員送來簡餐，邊吃邊看窗外風景，其實已無風景可看，天已空，可看到幾顆星星在竊竊私語，此刻大家安靜休息。不知心中想些什麼事？或都做著「中國夢」。睡不著，拿出背包帶著一本《詩海潮》雜誌，順手一翻，看到的正好是北京作家石祥的一首〈中國夢最美〉，意涵和全統會此行宗旨頗可接心，抄錄如下：（註①）

　　遊過一座座山呦，越過一道道水
　　走遍天下回頭看，心裡還是中國美
　　改革開放山河變，人增精神地增輝
　　治國理政展鴻圖，盛世復興樹豐碑
　　習習春風遍地吹，每一天都是好日子
　　中國夢最美

　　富了一座座山呦，樂了一道道水
　　百業興旺花盛開，喝不盡的家鄉美
　　黨的政策得民心，增了收入減了稅
　　群眾滿意百姓笑，國泰民安盡朝暉
　　習習春風令人醉，每個人都感到很幸福
　　中國夢最美

　　吾國從滿清中葉到上世紀中，貧窮落後了一百多年，被二鬼（洋鬼子、小日本鬼子）欺壓一百多年，此期間的中國普羅大眾生活，只能以「悲慘」形容。然而，物極必反，中

國人終有清醒的時候，大約十多年前，大作家李敖訪問大陸，在北京大學演講，就明白指出「中國共產黨已開創我國自漢唐以來未有之盛世」。進入廿一世紀，美帝在全球各弱小國家點燃戰火，忙著侵略弱小，吾國利用機會加緊建設，美帝開始害怕，乃全力制壓中國。但中國人醒了，用五千年智慧遲早鬥垮美帝，這是指日可待的。石祥的詩，多少反映出現在中國人的信心。

　　台北天津直線距離近一千公里，到天津很晚了，大家仍很有精神，大概親近祖國大地，情緒感到興奮的關係。下機後由接機人員接往「京津走廊、黃金地帶」之稱的廊坊，進住廊坊花園酒店，此行的第一夜。

廊坊簡介

　　廊坊，河北省下轄的地級市，在河北省中部，北京和天津兩大直轄市之間，環渤海經濟區腹地。按二〇一七年人口統計，有四百七十餘萬人，其下級行政區有：安次區、廣陽區兩個市轄區，三河市、霸州市兩個縣級市，另有六個縣。

　　「廊坊」一詞，有兩個說法，一說「琅琺寺」，一說「侍郎房」。北宋丞相呂端為安次人，其父呂植官拜侍郎，在安次縣內的呂植住宅被人稱「侍郎房」，簡稱「郎房」。京山鐵路設站時，將站名寫成「廊房」，一九四九年後改稱「廊坊」。

　　廊坊北臨首都北京，東與天津交界，南接滄州，西連保定，有得天獨厚的地理條件，也有豐富的自然資源，被譽為「京津走廊上的明珠」。歷史上廊坊出現的名人也不少如：西晉文學家張華、唐代詩人王之渙、北宋名相呂端、宋代文學

家蘇洵、元代名相史天澤，可謂文化底蘊也很深厚。

　　現代廊坊，基礎建設完善，境內有五條鐵路幹線，七條高速公路，十條國家級和二十條省級公路。人均生產總值達六萬四千餘元，可謂繁榮中國之縮影。

　　若將廊坊歷史追得更深遠，文章可多了。黃帝制天下以立萬國，始經安墟。這個「安墟」就在現今安次區常道村附近。《廊坊市志》記載，「現境域夏商處冀州之地，戰國秦漢于薊燕之野，晉唐屬幽州之域，元明清為京畿要冲」。廊坊在歷史上的行政歸屬如下：

　　　春秋、戰國，燕國封疆。
　　　秦，分屬漁陽郡、廣陽郡、巨鹿郡。
　　　漢、三國，屬幽州。
　　　唐，幽州、薊州、瀛州。
　　　宋、遼，河北東路、南京道。
　　　元，中書省。
　　　明，順天府。
　　　清，直隸。
　　　民國三十七年（一九四八年）十二月十三日解放。
　　　一九四九年，初設廊坊鎮，屬安次縣。
　　　一九五〇年，安次縣政府遷駐廊坊。
　　　一九五八年，農村以社代鄉，併入廊坊公社。
　　　一九六五年，恢復廊坊鎮建制。
　　　一九六九年，天津地區革命委員會遷址廊坊。
　　　一九七五年，將廊坊公社劃歸廊坊鎮。
　　　一九八二年三月一日，改為廊坊市（地轄）。

一九八三年，安次縣併入廊坊市。

一九八九年四月，改省轄地級市。

　　這是廊坊在歷史上的行政隸屬變遷，也顯見中國文化之久源深厚，任何地區村落，追其歷史淵源，都能追出五千年的變遷。「廊坊」因對台灣同胞較陌生，故筆者較多簡介，到北京、天津，筆者不談太多歷史淵源，大家都較為熟悉。

註　釋

①石祥，〈中國夢最美〉，《詩海潮》二〇一六年第一期（總第四期）（遼寧綏中縣：《詩海潮》編輯部），頁五。石祥，一九三九年出生，河北清河人。軍旅詩人和歌詞作家，第五屆全國人大代表，中國作家協會會員，中國老年作家協會會長，著有詩集《兵之歌》、《新的長征》及歌詞等多種。

第 2 章　第二天，廊坊

時間：九月十八日　星期三

　　大概昨晚很多人晚睡，也難得在廊坊最好的花園酒店過夜，有的去享用酒店的好設備。一大早，信義會長就在附近散步，呼吸新鮮空氣，酒店附近好風景，到八點多大家才去早餐，上午有此行參訪的第一個重點行程，為雙方領導的會面，也是意見交流的機會。

上午，拜會廊坊市台辦

　　廊坊市台辦的全稱是「廊坊市人民政府台灣事務辦公室」，是各級政府組織的一環，為解決台灣問題而設，也是兩岸同胞往來的對口單位。

　　上午十點左右，我們到達市台辦，接待人員已在大樓門口等著，引導我們進入辦公會議室，大家熱絡交換名片相互介紹、品茶，閒聊一陣。市台辦主任是段振中，副主任是王繼寅。

　　正式會議共約一小時，包含雙方領導致詞、大家自由報告、交換意見等。會議氣氛雙方似有共同點，都對目前台灣政局難以樂觀，尤其對「蔡英文偽政權」甚為憂心，搞「去中國化」終極結果，就是成為民族罪人。以下略記雙方領導

致詞要點：

中國全民民主統一會會長吳信義致詞

　　第一、中國全民民主統一會（簡稱：全統會），成立於一九九〇年元月廿一日。創會長是滕傑先生，曾任南京市長。第二、三任會長是陶滌亞將軍，之後王化榛先生接四到七任會長，第八任是吳信義接掌至今。從本會全稱就知道是台灣地區最堅定的統派團體，我們堅定追求中國必須盡快、盡早完成統一，不要說要「下一代處理」，這種是這一代中國人不負責的話。

　　第二、在《全統會會章》（如分發小冊）前言，本會特別強調，目前兩岸情勢凶險！台獨偽政權死抱「台獨」不放，拒不承認「九二共識」，悍然不顧人民安危，企圖聯美、日抗祖國，完全是漢奸心態，背叛中華民族漢奸罪人，真是不可忍。當年創會的滕傑先生有遠見，預判有這一天，因此訂下「寧共毋獨」的奮鬥路線，即寧由中國共產黨統治台灣，也決不台獨。今天，本會依然遵循這樣的路線，持續奮鬥下去，直到完成統一。

　　第三、本會在台灣並非最大的統派團體，但可以確認是最堅定的統派團體，台灣各統派團體中尚無「寧共勿獨」的政治主張。凡本會會員都有如是共識，堅定認同這個理念，才成為本會會員，大家也會朝這個大方向，期許兩岸同胞攜手完成國家統一大業，讓「中國夢」盡早實現，相信這是所有中國人的願望。

　　第四、會長吳信義此次率團，拜會北京、天津、廊坊各有關單位，並參觀世界園藝博覽會，感謝各有關部門的安排。

當此兩岸關係跌落谷底之際，本會仍期許對兩岸交流能發揮一點作用，從民間視野增進兩岸同胞情誼，也是對兩岸和平做出的一點貢獻。

廊坊市人民政府台灣事務辦公室主任段振中致詞

第一、感謝台灣地區全統會會長吳信義先生率團來訪，更感動於全統會「寧共毋獨」的堅定主張。兩岸遲早會統一，是歷史的大勢所向，有更多兩岸同胞站出來反台獨，為統一而奮戰，必使統一提早來臨，這是我們大家都會有的信念。

第二、當前祖國的壯盛繁榮，證明中華民族的復興、中國夢的實現、中國的崛起，不是假相，而是所有中國人可以感受到的實相。但歷史也證明，一個強者的崛起，必使一個現有強者感到威脅，這是美中貿易戰的本質真相。美國為維持霸權地位，勢必不擇手段打壓中國，企圖永久分裂中國本就是西方帝國主義的陰謀。香港之亂、台獨高漲，都和此一陰謀有關，甚至也在西藏、新疆生事，都在我們嚴密控制之內，不容陰謀坐大，兩岸同胞應共同努力，加快完成統一。

第三、以美國為首的西方強權不斷打壓我們，但祖國在習近平同志領導下，各方面都在「低調」埋頭苦幹，某些方面已可超英趕美，如量子衛星、高鐵、航母殺手、北斗系統等。我們定位衛星數量已超越美國，今年（二〇一九）三月，中國工程院啟動「中國標準二〇三五」，這比「中國製造二〇二五」影響更大，會使全球對美國 GPS 減少依賴，建立全球「中規」標準。祖國的強大，可以完全排除外國勢力對統一的干擾，保證統一盡早完成。

第四、我們中國有五千年文明文化智慧，美帝雖想鬥垮

我們中國，談何容易，中國人也不是被威脅長大的，我們不怕鬥，老美絕對鬥不垮中國，他們自傷更大。我們有實力奉陪，而且我們經由一帶一路，也在國際上結合成更強大的政經力量，我們有國際大戰略指導，大家有信心，中國人的世紀就要來臨。

下午，拜訪霸州市，參觀博物館、安次區、永清產業

中餐是廊坊市台辦宴請，豐富的一餐，好酒好菜好人好因緣都具備，吃起來很愉快。同文同種同基因，同讀中國聖賢書，說起歷史人物、典故、笑話，大家心領神會，笑成一團，好不快活！下午有緊密行程，喝酒就保守許多，點到為止。

霸州市簡介

霸州市，河北省的縣級市，由廊坊市代管，位在冀中平原東部，處京、津、保三角地帶中心，屬環京津、環渤海城市群。面積約八百平方公里，人口五十八萬，連續有多年躋身河北省「十強」縣市行列，市政府在迎賓道六十號，霸州也有久遠的歷史，文化底蘊深厚，也略為簡說如下：

春秋、戰國，為燕國屬地。
秦，屬廣陽郡。
西漢，屬幽州涿郡；東漢併入安次縣。
唐，屬幽州范陽郡。
宋代，屬河北東路。
明代，益津、保定併入霸州。

清代，霸州領三縣（文安、大城、保定）。

一九一三年，霸州降為霸縣，仍為順天府轄。

一九四九年，劃歸河北省天津專區。

一九五八年，永清、固安併入霸縣。

一九九〇年，設霸州市。

霸州市下轄九個鎮（霸州鎮、勝芳鎮、信安鎮、煎茶鋪鎮、南孟鎮、堂二里鎮、揚芬港鎮、康仙庄鎮、王庄子鎮），另有三鄉、一省經濟開發區、一辦事處、三百六十三個行政村街、十八個社區。

「拜訪霸州市」，少不了有官方接待、致詞等，均從略不記。首先我們參觀一個博物館，看到全世界第一台腳踏車。關於世界第一台腳踏車到底出自何人之手！其實已經不可考，有法國人、俄國人、中國人諸說，更有說孔明發明的，現在眾人所見這台，也有不少疑問，只能當一件古董看待。

安次區經濟技術開發區（簡稱：本開發區）

本開發區是河北省政府批准的首批省級工業聚集區，地處廊坊市西南部，面積二十二平方公里。本開發區創建於二〇〇七年七月，採取「政府＋股份制公司」模式。「廊坊市龍茂華圓區建設投資有限公司」是安次區政府授權的投資開發主體，註冊資金一億元，主要負責本開發區的招商引資、土地標示申請、基礎設施建設、協助企業辦理手續、協助政府相關部門辦理有關土地供應等工作。

本開發區位置有得天獨厚之優勢。距離北京四十公里，距天津六十公里，距首都第二國際機場僅十五公里，距天津

國際機場九十公里，距天津新港八十公里，完全達到「一小時最優工業區」的國際標準。

本開發區五十公里範圍內，有十多條高速和國家級公路，五條高鐵，二十多條省級公路。本開發區五百公里範圍內，有十一座百萬人口以上城市，二億常住人口。國內有如此優勢區位只有三個，另兩者是珠三角的東莞和長三角的昆山。

本開發區周邊有三大港口，天津新港、秦皇島港和黃驊港，前兩者是國際級港口，京津之間海陸空整體交通已超越國際水平。廊坊市以廊涿高鐵，把京滬高鐵和京廣高鐵連接起來，有重要的戰略考量，京滬高鐵在廊坊設出京首站，距本開發區才五公里，從廊坊到上海、杭州、南京、蘇州、合肥等大城，約只要四小時，隨著高鐵不斷提速，時間還會再縮短。

永清現代產業技術園（簡稱：本技術園）

在京津冀協同發展步伐不斷加快進程中，永清地區充分發揮腹地優勢，積極爭取國家級和省級建設，成為現代產業技術示範區園，五大現代農業園區相繼落戶。「都市型」現代農業在永清快速壯大，實現傳統農業向現代農業的跨越式轉型，為本技術園之宗旨。

永清距離北京城區只有六十多公里，永清地區早晨六點採摘下來的蔬菜，九點多就進入大型交易中心和京津冀各大超市，中午就能上首都市民的餐桌。單就永清的瓦屋辛庄村，全村有各類溫室棚一千三百個，種植蔬菜五十多品種，年供量達二千六百噸。

　　永清得以有良好機遇，亦是國家百年計畫大業之一環。隨著廊滄高速、京台高速、北京新機場等建設完成，永清優勢不斷提升。

　　「農旅結合」亦是永清一大特色，主題鮮明的現代農庄，通過舉辦菊花節、桃花節、農村啤酒節等諸多活動，推出「休閒農庄游」，集吃、住、游、娛全功能接待旅遊，遊客年達三十萬人，這只是本技術園一個小縮影。

　　生態綠化是永清重要永久性目標，有「京南中軸秀美永清」的長期發展戰略，達到「生態立縣」宗旨。平均每年造林四萬畝以上，森林覆蓋率達到百分之四十五，先後榮獲「全國綠化模範縣」、「河北省綠色通道建設先進縣」、「河北省林業生態建設十佳縣」、「河北省無公害果品生產基地」等榮譽，成為首都綠色屏障。

　　現代農業科技在永清已經成熟，科技引領「點土成金」成為可能。永清智能產業依託北京新機場臨空經濟區優勢，未來發展無限，各項新興產業建設，都將成為經濟發展新引擎，締造永清未來的富裕美麗之城。永清現代產業技術園承擔了這樣的使命，我們埋頭建設，也放眼國際，本技術園有此雄心壯志。

　　今天下午，從拜訪霸州市，參觀安次區經濟技術開發區和永清現代產業技術園，邊看邊聽解說員介紹，也看些分發的基本資料。親眼所見，內心感受，無比感動，中國人真的醒了！真的發揮了五千年智慧，只見大家都在積極打拼，上下一心。而想到台灣、香港現狀，眾人都無比感慨，人會垮台，都是自己把自己鬥垮的，港台現在就是要自我沉淪，人

要自殺，誰也擋不住！團體也一個樣，滿清時代舉國上下躺著吸鴨片，焉能不亡！

今日一天對廊坊市的了解，雖是走馬看花，已然「從一朵花看到天堂、從一粒沙看到世界」。廿一世紀的人間天堂，將在神州大地出現，中國人的世界已然來臨，不論港台如何亂，只是中國廣大土地和十多億人口裡的一小點。在中國歷史上，亂極，便是治機的時候到了！

晚餐，是一個盛大的晚宴，酒足肉飽是當然了，飯後是夜遊廊坊市步街，範圍還是很大，只能在廣陽道和永興路附近逛逛。

第 3 章　第三天，北京市

時間：九月十九日　星期四

今天起有三天都在北京市，這個自古以來就是吾國的政經中心，歷朝歷代大小不一，現在的北京市含郊區約有半個台灣大，所以三天是看不完的。按觀光手冊有的重要景點：天安門廣場、人民大會堂、歷史博物館、故宮、中山公園、景山公園、北海公園、中國美術館、萬里長城、十三陵水庫、十三陵、北京動物園、北京天文館、北京展覽館、香山公園、碧雲寺、臥佛寺、西山八大處靈光寺、天壇公園、自然博物館、雍和宮、國子監、妙應寺白塔、頤和園、魯迅博物館、北京古觀象台、全國農業展覽館、覺生寺、紫竹院公園、中國人民軍事博物館、潭拓寺、戒台寺、盧溝橋、周口店北京人之家、民族文化宮、大觀園、宋慶齡故居。

以上三十七個是傳統景點，尚未包含很多新興景點，每個景點都有幾千年故事可說，要詳說寫一百本也說不完。這次北京行選最想看的，做重點一遊。

上午，雍和宮

雍和宮，在北京市東城區雍和宮大街十二號，是中國漢族地區最大的藏傳佛教寺院之一。屬格魯派（黃教）皇家寺院，章嘉呼圖呼圖活佛居住於此。雍和宮建於康熙三十三年

（一六九四年），現在說說它的歷史。

康熙三十三年，康熙帝在內城東北原明代內官監官房舊址為四皇子胤禛修建了府邸。初稱「四爺府」或「禛貝勒府」，胤禛被封為和碩雍親王後改稱雍王府。康熙五十年（一七一一年），胤禛之子弘曆出生於王府東書院「如意室」。雍正元年（一七二三年）胤禛繼位為雍正帝，雍正帝遷入紫禁城，於雍正三年（一七二五年）將原雍王府升格為宮殿，改名「雍和宮」。至雍正十三年（一七三五年）曾停放雍正帝靈柩，為此將殿之覆瓦升格為琉璃瓦。雍正在位期間，雍和宮的中路和西路，已作為藏傳佛教上院使用。

乾隆即位後，於乾隆九年（一七四四年），將雍和宮中路和東路正式改為藏傳佛教寺廟，主殿改為佛殿，賜名「噶丹敬恰林」。東路行宮仍由皇室使用，後失火焚毀。根據《清代雍和宮檔案史料》記載，乾隆十三年三月二十日，內務府衙門交付該處大臣三和要拆毀景山內萬福閣，拆後將木磚瓦石等物運至雍和宮。景山北牆開一大門，運出諸物件。

一九六一年，雍和宮被列入中國國務院批准的全國重點文物保護單位。一九八三年，雍和宮定為全國重點寺院，國家重要的文化資產。

雍和宮的主要建築有：牌樓、昭泰門、天王殿、正殿（雍和宮）、永佑殿、法輪殿、萬福閣、阿嘉倉。雍和宮有三寶（紫檀木雕的五百羅漢山、銅鑄照佛、白檀香木雕刻的彌勒佛像）。

雍和宮近幾年成為觀光熱點，電視劇《步步驚心》有關，風水師說這裡許願最靈也是。正史上「四阿哥」事業心強，他在這裡韜光養晦，乃是深謀遠慮的權力鬥爭真實場景的遺

存。

　　到雍和宮，乘坐地鐵二號線、五號線，到雍和宮站下。
但我們此行團體活動，專車接送，省時方便，坐地鐵就以後
自由行再來。

下午，北海、什剎海、煙袋斜街、便宜坊、王府井

　　下午的行程雖多，但比較輕鬆，沒有官方的形式，這裡
走走，那裡看看，也都是北京代表性景點，有深厚的文化底
蘊，久遠的歷史，說不完的典故或傳說。筆者就一站站簡記。

北海公園、什剎海

　　北海公園、什剎海，都在故宮和景山公園旁，屬於皇家
園林，始建於遼代，是世界上現存建園時間最早的皇家宮苑。
北海公園佔地約七十公頃，水域面積佔一半，與中、南海連
成一氣，是北京城中風景最美的三海之首，成了觀光客首選。

　　北海布局以瓊華島為主，在島的頂端建有指標性建築永
安寺白塔，與南岸的圍城、北岸的宮苑群遙相呼應，相互借
景，構成園林的南北中軸線。北海公園歷史久遠，可簡述如
下：

　　經遼、金、元、明、清五朝興建。
　　遼仿照蓬萊仙境，建造瑤嶼行宮。
　　金大定十九年（一一七九年），在瑤嶼行宮基礎上修建廣
寒殿，湖泊叫「西華潭」，瑤嶼改名「瓊華島」，全名「大寧
宮」，又改「萬寧宮」。
　　元代，三次擴建，全稱「上苑」。

明代，建紫禁城時，劃入皇城範圍。

清代，擴建成現今格局。

一九四九年後，中南海成為中央政府駐地，北海作為公園開放，一九六一年公布為國家文物保護單位，一九九六年聯合國教科文列入世界文化遺產。

什剎海，因周圍有十座寺廟而得名，廣化寺、火神廟、護國寺、保安寺、真武廟、關帝廟、佑聖寺、萬寧寺、石湖寺、萬嚴寺。什剎海是三個湖相連，同時也是北京城內面積最大、風貌保存最完整的街區，有名人故居、王府等古跡，貼近百姓生活的美食、酒吧等。

初到什剎海，第一眼就被大片漣艷的湖光所吸引，空氣清新，美不勝收，四周有不少碼頭，大人小孩所玩的這裡都有。整個什剎海景區很大，除了看「海」，有大量典型的胡同和四合院。

如金絲套地區有大小金絲胡同、南北官房胡同、鴉兒胡同、白米斜街、菸袋斜街等。各種自古就有的民俗活動，如放荷燈、泛舟遊湖、宴飲賞荷、冰床圍酌。現在花樣更多了，划船、賽艇、彈唱，「胡同遊」是有歷史文化底蘊的享受。

煙袋斜街

老北京胡同太多了，可以逛很久，胡同保存中國民間文化習俗。東廠胡同、煙袋斜街、八大胡同、南鑼鼓巷等。煙袋斜街在北京市西城區東北部的一條街，東起地安門外大街，西到小石碑胡同，東西斜形走向。入東口後向西，到與大石碑胡同交叉處向西南折，然後再向西北折，最終與小石

碑胡同相交，連接西側的鴉兒胡同。該街全長二百三十二米，寬約五至六米。

煙袋斜街出名的原因，因有完整四合院傳統建築特色，與北京歷史同樣淵源久遠。明朝張爵的《京師五城坊巷胡同集》記載，這條名「打魚廳斜街」。所謂「打魚廳」是元、明時期，管理海子捕魚的官方組織。到清朝在乾隆十五年（一七五〇年）的《乾隆京城全圖》稱「鼓樓斜街」，嘉慶以後才叫「煙（菸）袋斜街」。清朝以前，這條街以經營菸業為主，當時吸煙（菸），被稱為民生開門「第八件事」，與柴米油鹽醬醋茶並列，可見吸煙之盛，國力都被「吸」光了。

北京便宜坊烤鴨集團

拜會烤鴨集團時已近黃昏，晚餐當然就是「烤鴨餐」了。先說說「北京烤鴨」和「便宜坊」，除了是出名美食，也是六百年的歷史底蘊，才成為現代美食界的一張「國際名牌」。

這個集團在左安門內大街，旗下尚有不少分集團，如成立於明永樂十四年（一四一六年）以燜爐烤鴨獨樹一旗的「便宜坊烤鴨站」；建於清乾隆三年（一七三八年）由乾隆帝親賜匾的「都一處燒麥館」等，計有三十六家分站，是現代中國十大餐飲品牌之一。

「便宜坊」店名有一來歷。明嘉靖三十年（一五五二年），時兵部員外郎楊繼盛（字仲芳、號椒山），家住宣武門外達智橋。因被嚴嵩誣陷而下朝「回家吃自己」，某日來到「便宜坊」喝酒，被認出是名臣良將，眾乃請他留下墨寶，他一揮而就「便宜坊」三字，從此歷代官員常到此光顧。

說到晚餐烤鴨的好吃，這筆墨不能形容，非得親自來吃

一口，才能感受其美味，也才能體認一家店為何能開六百多年。明、清已去，而中華民國今何在？名存實已亡，便宜坊烤鴨店依然在，且更輝煌！

王府井大街

王府井大街是北京市東區中部的一條大街，也是著名商業街，全長約二公里，其中南段是王府井步行街。起點是東安長街，終點是美術館東街南口，這條大街也有久遠的歷史。吃完烤鴨後一點時間，我們逛逛這條街。

位於王府井大街二二九號「戀隆黃金珠寶店」東側的一口古井，井蓋上的銘文為：「王府井大街始建於元代至元四年」。至元四年是西元一二六七年，至今已八百多年了。街名歷代有所變動，清代以後都叫「王府井大街」，源於街上一口古井。

叫「王府街」應有許多「王」字輩人住在這裡。元大都時，這條街名為「丁字街」，明朝改叫「王府街」。明永樂十五年（一四一七年）在此街東側修建了十王府後，街名改「十王府街」，又叫「王府街」。這是一條街的變遷，如今是北京最著名的商業街。

時間太短，大街太豐富，兩小時只能「瞎子摸象」，每個人認識一點點。共同的感受，祖國真的繁榮了！現代化了！真的壯大了！晚上亦安慰入夢。

第4章　第四天，北京市

時間：九月二十日　星期五

　　全統會的北京、天津行，今日到了第四天，行程豐富且很有內涵，平時不會刻意去了解此行各景點。只有這種機會讓我們知道，原來一條街、一個胡同、烤鴨，背後還有這麼久遠的歷史背景，有這麼豐富的民俗文化底蘊。想當然，做為一個五千年的文明文化古國，這塊土地上，每個角落，當然也有五千年歷史了。包含今天上午要參訪的國子監，更是中國文化文明的重要人文制度。

上午，北京孔廟、國子監博物館

　　「國子監」現代人聽起來陌生，但對中國文史有研究的學者就熟悉。國子監是吾國古代的教育最高學府，在五帝時叫「成均」，虞舜時稱「上庠」，周朝叫「辟雍」，漢以後叫「太學」，隋朝初設「國子寺」，不久改稱「國子監」，並賦予主管全國教育行政職能。以後歷代國子監功能、組織，雖有變遷改革，但不離教育文化範疇，國子監和孔廟通常放在一起，互為鄰居。

　　國子監具有一定程度的監國功能，可以彈劾官員和國

政，儘管各朝代這種功能受制於政治環境，這是難以避免的。畢竟，制度是死的，人是活的。但國子監在歷代有三種功能很明顯：㈠協助國家舉行科舉考試；㈡負責對國家最優秀的學子的教育工作；㈢規管士子的德行、操守。在古代社會，對維持國家運作，對教育文化的發展，產生很大的作用。

　　按傳統規制，國子監和孔廟是「左廟右學」，也就是孔廟在左，國子監在右，二者互為鄰居。北京的國子監在安定門內國子監街（舊稱成賢街）上，元明清三代國家最高學府所在，按「左廟右學」，二者僅一牆之隔，內部則可以互通。國子監主要建築群有：

　　集賢門，在國子監大門，東與孔廟相通。
　　琉璃牌坊，在集賢門內，乾隆時所建。
　　辟雍，國子監的中心建築，乾隆時期建。
　　六堂，是貢生、監生教室，共三十三間房。
　　彝倫堂，皇帝講學處，後改藏書處。
　　敬一亭，是國子監祭酒辦公室。

　　說到孔廟就更偉大了，北京孔廟規模僅次於山東孔廟，全世界有中國人的地方就有孔廟。海內外孔廟有三千多處，大家每年都要祭孔，這是中國文化的重要內涵，甚至是政權是否合法的「唯一標準」。

　　中華文化的基本核心是儒家，再加佛、道兩家，故說「儒佛道是中華文化的三個核心價值」。台獨偽政權搞「去中國化」，大多是「去儒家文化」，所以才廢除了祭孔儀制。但中國歷史所有的「打倒孔家店」，最後都失敗收場，反被孔家店

打倒了。我們來參觀孔廟，就更加敬孔了，孔老，你才是永
恆不敗的神。

下午，景山公園、拜會台灣同胞聯誼會、夜遊

　　出門旅遊除了行程安排的固定景點，其實還有很多可記
錄，每人所見所玩多少有些不同。例如，夜遊廊坊或王府井，
大家三三兩兩到處逛，看的都不同，也就無法人記。僅針對
行程安排景點略述。

景山公園

　　想要一窺紫禁城全貌，看盡全世界最大的宮殿群，就是
上景山公園。位於北京市西城區的景山前街，西臨北海，南
與故宮神武門隔街相望，是元、明、清三代的御苑，也有深
厚的歷史淵源。

　　景山公園最著名除了明崇禎皇帝上吊的歪脖子樹外，最
大賣點是不同高度能看清故宮全景的五個涼亭，因為景山是
北京城內唯一有高度的「小山」。

　　北京人都這麼說，你可以不去故宮，但不可以不到景山
公園看北京城。所以很多人把故宮和景山排在一起，從景山
西門出來，往西可直接進北海的東門。以下也略為追述景山
久遠的歷史。

　　隋，臨朔宮和北苑，乃今之景山最早前身。
　　遼、金，在此建皇家苑圍，為十二景之一。
　　元，稱「後苑」，皇帝在此躬耕。

明，稱「青山」，又叫「萬歲山」或「煤山」。

明崇禎十七年三月十九日，帝上吊自殺於煤山。

清，順治十二年（一六五五年）改稱「景山」。

康熙十九年（一六八〇年）春，康熙帝登景山眺望京師，見晨霧繚繞，霞光流雲，一派春色，即作詩一首，其中有「雲霄千尺倚丹丘，輦下山河一望收」之句。丹丘乃神仙居所，此處以喻景山。乾隆十四年（一七四九年），移建壽皇殿至景山正北面，乾隆帝在其《御製白塔山總記》中寫道：「宮殿屏辰則曰景山」。

光緒二十六年（一九〇〇年），八國聯軍占領北京，景山受到嚴重破壞，重寶被掠一空。民國後闢為公園，仍有很多故事，如宣統退位後，景山仍歸清皇室使用，後馮玉祥占領景山，逐出溥儀……故事寫不完……一九七六年十月六日下午，江青在景山公園摘蘋果、拍照。當晚「四人幫」被捕……

拜會台灣同胞聯誼會（北京台灣會館）

北京台灣會館，是台灣同胞聯誼會會址，是台灣同胞在北京的家。位置就在北京市東城區大江胡同一一四號，距離天安門廣場南端正陽門約五百米，我們到訪時有專人解說，也有久遠的歷史淵源。

鄭成功收回台灣後，將科舉制度移植台灣，從康熙二十四年（一六八五年）開始，陸續有人到北京參加會試。為方便來京的台灣學子參加考試和聯絡感情，一八九三年台籍進士施士洁主持建立台灣會館，一八九六年搬到大江胡同一一

四號。民國時期會館曾租給商戶，直到一九九三年恢復為紀念場所，次年又恢復原有功能。

隨著兩岸擴大交流，經貿活動和文化交流的需要，只有四百平方米的會館顯得狹小。二○○九年六月二十四日啟動擴建工程，增加到三千八百多平方米。二○一○年五月七日，台灣會館重張儀式暨台商入駐崇文台灣商務區簽約儀式盛大開幕，這天是兩岸中國人的盛事。

很多重量級的人都出席開幕。中共中央政治局委員、北京市委書記劉淇，中國國民黨榮譽主席連戰及夫人連方瑀，全國政協副主席、台盟中央主席林文漪，中共中央台辦、國務院台辦主任王毅出席並為台灣會館牌匾揭幕。中華全國台灣同胞聯誼會會長梁國揚、國民黨榮譽主席連戰及中共北京市委副書記、北京市長郭金龍先後致詞，可謂盛況空前。

新建成的台灣會館分四個主要功能區：㈠京台交流史展示區、㈡貴賓接待區、㈢多功能會展區、㈣民俗文化體驗區。同時以台灣會館為核心，打造了台灣風情街和四個主題功能區，總面積五‧四萬平方米的台灣文化商務區。從此以後，台商、台人來京，有個美麗的家，許多台灣遊客也都要到此一遊。

前門大街

「前門大街」聽起來不像一條街名，而是任何大門前的街。實際上真有一條街就叫前門大街，是北京東城區的一條大街，毗鄰天安門廣場，屬於傳統商業街，街區內不少老字號，如同仁堂、全聚德、張一元等。

　　前門大街北起正陽門（前門）箭樓，南至天橋路口，與天橋南大街連接。前門大街從二○○四年起大修，二○○七年五月從前門到珠市口段開始改造，趕在二○○八年五月北京奧運前完工。改造後前門到珠市口成為步行街，重現清末民初的建築風格。

　　前門大街改造後，吸引不少國際品牌進駐，如 Uniqo、ZARA、H&M、勞力士、Swatch、周大福。餐飲如全聚德、麥當勞、Starbucks、KFC。因而也成為吸引觀光客的大街，許多會員逛很晚才回酒店睡覺。

第 5 章　第五天，北京市

時間：九月二十一日　星期六

每天都滿滿的行程，來到第五天，參訪對象不論官方或民間，都感受到接待人員的熱誠，解說人員的親切，會員都表示不虛此行。

上午，參訪海淀區政府、香山碧雲寺向總理獻花致敬

我相信孫中山先生在九泉之下，一定是很不爽的，他創建的「中華民國」，如今孤立於海島，而且已被台獨偽政權偷樑換柱，中華民國名存實亡，只剩空名。他心中一定痛苦，今天上午會長吳信義要向他獻花致敬，總理多少安慰一下。再者，中華民國亡了，中國崛起，中華民族復興了，中國人的夢實現了，這也是孫總理的夢，他該高興一下。這是後話，先到海淀區政府吧！

參訪海淀區政府

海淀區政府，在北京市海淀區長春橋路十七號。現任區長是戴彬彬，區總面積是四三〇平方公里，境內有大小河流十條，總長百餘公里。

海淀，古稱「海甸」，元朝以前是一片沼澤地。到了清代

中葉，因修建三山（香山、玉泉山、萬壽山）和五園（暢春園、圓明園、靜明園、靜宜園、頤和園），帶動以後海淀地區的經濟和文化的繁榮。

現今之北京市海淀區人民政府，是北京市海淀區人民代表大會的執行機關；對海淀區人民代表大會和北京市人民政府負責；在海淀區人民代表大會閉幕期間，對海淀區人民代表大會常務委員會負責並報告工作。

海淀區人民政府分別由區長、副區長、局長、委員會主任等組成。每屆任期五年，實行區長負責制。海淀作為首都重要功能區域，是北京市十六個區縣之一，轄有二十二個街道辦事處、七個鄉鎮、戶籍人口近二百萬，常住人口約三百萬。

海淀區研究院所林立，高等院校密集，經濟發展迅猛，文化旅遊資源豐厚，中央、軍隊機關眾多，擁有首都政經科技、文化教育、自然地理和人才優勢。其中「中關村科技園區」，是海淀區推動科教興國戰略，實現兩個根本轉變的綜合改革試驗區，具有國際競爭力的國家創新示範基地。

正在加速建設的是海淀新區，包括溫泉鎮、西北旺鎮、上庄鎮和蘇家坨鎮，面積約二二六平方公里，人口十萬，占全區總面積百分之五十三。這個新區是中關村科技園區的發展區，將成為首都西北的生態屏障。

生態型、田園型、現代化是海淀新區的建設目標。力爭以十年左右時間，將海淀新區初步建成具有國際競爭力和吸引力的高科技創新示範基地；基礎設施完善，交通網絡發達，有山水田園的現代生活區，又具備觀光、休閒、度假的生態優良區。

香山碧雲寺向中國國民黨總理孫中山
金剛寶頂獻花致敬

　　中國全民民主統一會會長吳信義，今率領會員代表向本黨總理孫中山先生獻花致敬，筆者一心與會員同在同向總理禮敬，具有重要的象徵意義。

　　香山碧雲寺，在香山公園北部，原靜宜園之北，是海淀區重要古蹟觀光點。始建於元朝至順二年（一三三一年），據傳是元朝開國元勛耶律楚材的後代阿勒彌（一說阿里吉）舍宅為寺，當時叫「碧雲庵」。明朝時擴建，到清乾隆帝再擴建到現今之規模，這之間尚有很多故事。

　　中山先生臨終前對宋慶齡等黨國大老說：「吾死後，可葬於南京紫金山麓，因南京是臨時政府成立之地，不可或忘辛亥革命也。」總理在北京協和醫院逝世後，暫厝在北京香山碧雲寺的金剛寶塔，待南京陵寢建成後歸葬。當時有數十萬民眾到碧雲寺弔唁、送靈。正因如此，今天我們才有到北京碧雲寺緬懷孫中山先生的因緣，追思其革命精神。

　　一九二九年五月二十六日，中山先生靈柩向南京移葬。換棺時，從遺體上換下的民國大禮服、大禮帽，被安放在原厝的西式楠木棺內，並封存於碧雲寺金剛寶塔中。由此，碧雲寺的金剛寶塔也成了孫中山的衣冠冢。

　　金剛寶塔，高三十四米七，由塔基、寶座、塔身三層結構，塔上有乾隆御書「燈在菩提」。正面可見到「孫中山先生衣冠冢」八個金字，是漢白玉匾額。所謂「金剛寶塔」，是佛教密宗的佛塔建築形式，代表密宗金剛部的神壇。五座塔代表金剛界五部佛主，中間為大日如來佛，東面是阿閦佛，南

面寶生佛，西面阿彌陀佛，北面是不空成就佛。另碧雲寺的羅漢堂，規模極為龐大。在我神州大地上，公認有羅漢堂的四大寺院是：成都寶光寺、蘇州西園寺、北京碧雲寺、武漢歸元寺。由此可見，北京碧雲寺地位之重要。

　　來到香山碧雲寺，「孫中山紀念堂」和「涵碧齋」也一定要去。涵碧齋建於清乾隆十三年（一七四八年），原是皇帝大臣瞻拜遊覽休息的行宮。一九二五年十一月二十三日，謝持、鄒魯、林森等人，特意在涵碧齋召開為期十天的「國民黨一屆四中全會」，史稱「西山會議」。而謝持、鄒魯、林森、張繼、居正等人，被稱為「西山會議派」，人不甘寂寞，歷史總是熱鬧。

　　此時此刻來向中山先生獻花禮敬，仍是感慨。香港仍在亂，主要是金融財經仍在英美所控，民主都只是假相和藉口，仍是大國霸權之爭的過程。而台灣問題更大，台獨偽政權勢力高漲，蔡妖女一味「聯美日抗中」，都是漢奸走狗（英美之走狗）。中華民國成為被台獨妖女魔男利用的工具，總理在九泉之下怎不傷心！但願大陸的繁榮強大，正是中國人清醒了！中山先生在遺言中的「喚醒民眾」算是完成了九成九。剩下一點不醒之民眾，就是港台這些中華民族之敗類了！

世界園藝博覽會、燈光夜景表演

　　二〇一九年中國北京世界園藝博覽會，是一次在中國北京市延慶區舉行的世界園藝博覽會，是中國繼雲南昆明後第二個獲得國際園藝博覽會批准及國際展覽局認證授權舉辦的 AI 級國際園藝博覽會。這次展期，從二〇一九年四月二十八日開幕，到十月七日閉幕，展期長達一百六十二天，為此期

間之北京盛事。

參觀園藝博覽會，看的是全球最美、最壯觀的奇花異草，這種美很難用文字形容，因為純是透過視覺感官，激起一種讚嘆。有如形容女人的美，除了「傾國傾城、沈魚落雁」，不如親眼看到。所以，參觀世界園藝博覽會，不再用我的鈍筆贅述，晚上欣賞燈光夜景也是視覺享受，文字難述，能親自參與這個盛會，總是三生有幸。還是回頭說說中山先生和中華民國。

紀念孫中山先生，包含與中山先生有關的節慶和歷史，本來話語權都在中華民國，如孫中山誕辰、辛亥革命或黃埔軍校史料保存等，現在都是大陸積極在做。這一方面首先怪國民黨自己無能，去了大陸，現在連台灣也去了，再不振作，國民黨黨部只好遷馬祖。有一天無處可去，只得遷回大陸，完全由中共「包養」，從此以後都無憂了。

其次，禍首當然是蔡妖女為首的那群台獨偽政權，這些個中華民族的不孝子孫，炎黃的敗家子。牠們竟將孔子……孫中山等民族聖賢打成「外國人」，當然就不要紀念孫中山了，中共紀念孫中山象徵的是中國歷史的「正統」，而台灣不論叫什麼已淪為「地方割據政權」，再下去就是「叛亂組織」，中國王師可以合法來征討。

還有一個台灣不要，中共要了，那便是「中華文化」，台獨偽政權的妖女男魔大搞「去中國化」，就是去掉中華文化。中共開始復興中華文化，也象徵取得歷史的正統和合法性，台灣不要中華文化就淪為「非法政權」，成了被征討的對象，這是台灣的悲哀。

第6章　第六天，北京 ── 天津

時間：九月二十二日　星期日

中國大地上的好景點，若要全部看完走完，可能三輩子也玩不盡。因為世界級的美景太多了。有人整理出中國最美，且為這輩子一定要去的一百個地方，本會會員很多表示一定去。筆者乃公佈這一百個地方，區分成九大類如下：（註①）

山峰：珠穆朗瑪峰、貢嘎山、博格達峰、梅里雪山、泰山、華山、峨眉山、五台山、黃山、武夷山、阿里山、盧山。

湖海、瀑布：長白山天池、天山天池、納木錯、青海湖、喀納斯湖、西湖、茶卡鹽湖、肇慶星湖、日月潭、洱海、漓江、塔里木河、淡水河、三江并流、德天瀑布、黃果樹瀑布、壺口瀑布。

自然杰作：黃土高原、五彩灣、小寨天坑、織金洞、香格里拉、石林、武陵源、九寨溝、稻城、黃龍。

沙漠、峽谷、草原：塔克拉瑪干沙漠、將軍戈壁、火焰山、羅布泊、烏爾禾魔鬼城、阿里、鳴沙山、雅魯藏布大峽谷、長江三峽、太魯閣大峽谷、怒江大峽谷、祁連山草原、壩上草原、呼倫貝爾草原。

海岸線：天涯海角、西沙群島、澎湖列島、鼓浪嶼、亞龍灣、東寨港、野柳、維多利亞港。

民居、古城：平遙古城、鳳凰古城、麗江古城、皖南古

村落、福建土樓、開平碉樓、烏鎮、屯溪老街、周庄。

　　建築工程：長城、北京故宮、天壇、布達拉宮、承德避暑山莊及周圍廟宇、孔廟（含孔府、孔林）、武當山古建築群、雲岡石窟、龍門石窟、大足石刻、蘇州園林、頤和園、明清皇家陵墓、都江堰、坎兒井、京杭大運河、元陽梯田。

　　生命樂土：大興安嶺、神農架、西雙版納、四姑娘山、梵淨山、扎龍、臥龍。

　　風情城市：哈爾濱、大連、青島、上海、香港、澳門。

　　以上是這輩子身為中國人，要到要看的一百首選景點，可能未能合乎每人所見，如風情城市只列舉六個，實際要找可能數百個。所列舉的一百個地方，每個都如雷貫耳，大名頂頂，紅遍世界。這幾天所參訪的有些並未列入百美，卻景景都值得列入百美，就是整八天都拿來看美景，也只看一小部份。

上午，居庸關，八達嶺長城

　　居庸關長城，是明代長城最出名的一座關城，與附近八達嶺長城同是首都北京西北方重要屏障，與倒馬關和紫荊關合稱「內三關」。居庸關長城在北京市昌平縣境內，形勢險要，自古為兵家必爭之地。

　　「居庸」一詞歷二千多年而不變，《呂氏春秋》記載道：「天下九寨，居庸其一」，居庸關建設始於漢代，當時只做為郡縣的關口，尚未納入長城建築體系內。到了北魏，居庸關才成為長城的一個重要關口。

　　到了明朝，為了對抗長城外的蒙古，守衛京師，後在九

鎮之外，增加昌平鎮總兵與真保鎮總兵。居庸關屬於昌平鎮下屬的三參將之一（另兩個參將是黃花城和鎮邊城）。而八達嶺設守備，隸屬於居庸關參將。

很多觀光客說居庸關比八達嶺長城還美，但爬居庸關比較驚險且較辛苦。居庸關長城總長約六十公里，南北兩個關口，南邊叫南口，北邊就叫居庸關，關城附近自然景觀極為壯麗，早在金明昌年間（一一九○～一一九五年），「居庸疊翠」之名已列入「燕山八景」。

居庸關的中心有個「過街塔」基座，名「雲台」，取其「遠望如在雲端」之意。雲台上原建有三座白色喇嘛塔，毀於元末明初，現在台頂上的柱礎，是明代泰安寺殿宇之遺物。

居庸關附近，尚有「仙枕石」、「五郎廟」、「六郎寨」、「彈琴峽」、「望京石」、「天險」、「穆桂英點將台」、「詹天佑銅像」，增添雄關許多風采。居庸關長城要全部走完，一天太累，大約要兩天，我們也只能走馬看花，照完相以示到此一遊。

八達嶺的地理位置，在北京市延慶區軍都山關清溝古道北口，臨近居庸關，最高點一○一五米，被稱「危嶺雄關」。八達嶺鎮是延慶區下轄的一個鎮，現在交通方便，京包鐵路、一一○國道、八達嶺高速，都方便到達。八達嶺景區除長城外，尚有殘長城、八達嶺野生動物世界、八達嶺國家森林公園，都不是一天能走完。

八達嶺長城蜿蜒騰躍於燕山山脈的崇山峻嶺中，是長城千百座雄關最險隘，歷史最悠久，文化最深厚，保存最完整的長城傑出代表，明代長城中最精華段帶。目前僅開放參觀約三公里，有城台、牆台廿一座，四季皆適參觀。趙樸初道

出八達嶺四季風光之絕妙：「嘆畫圖百態又千姿，如此古長城，盡春秋冬夏，星移物轉，不改崢嶸。最是春花鋪錦，夏綠疊雲，展向天邊去，神往青冥。漫道紅衰翠減，愛丹林濃染，秋氣澄清。更冬來莽莽雪嶺，玉龍騰春，風光盡收方寸。望關山無限古今情，憑交付幾行徵雁，萬種心聲」。

現在交通方便，有各種選擇玩法。例如，也有專業司機帶你遊居庸關、八達嶺長城，KLOOK 線上訂購票卷，手機出示電子憑證，體驗超酷法。

在戰略上，八達嶺長城是居庸關的前哨，古稱「居庸之險不在關而在八達嶺」，所八達嶺段被稱「玉關天塹」。古籍《水經注》一書說：「居庸關在居庸界，故關名也，南則絕谷，疊石為關址，崇墉峻壁，非輕功可舉……其水歷山南，巡軍都界……」。因此，專家認為漢置居庸關，關址在八達嶺。

中國歷代為國防的需要，都會修整或新建長城。明朝為修建八達嶺長城，投入八十年修建一千多里。並將抗倭名將戚繼光調來北方，指揮長城防務。中共建政後也開始修護長城，一九六一年三月，八達嶺確定為「第一批國家級文物保護單位。一九八六年，八達嶺被評定為新北京十六景之一，全國十大風景名勝之首，一九九一年成為聯合國教科文認證的人類文化遺產。

下午，遊天壇，回天津吃「狗不理包子」

祭天、拜天公，是中國人已歷五千年的傳統。一般百姓要祭天，天子（天之子）更要祭天，天之子祭天如子之祭父母，是倫常文化，也為祈求平安、無災！

北京天壇，位於北京市東城區，是古時天子祭天、祈雨、

祈穀的場所。是現存中國古代規模最大、倫理等級最高的祭祀建築群。一九六一年國務院公布為第一批國家文物保護單位，一九九八年「北京皇家祭壇－天壇」，列入世界文化遺產。

　　北京天壇最初為明永樂十八年（一四二〇年）仿南京城形制而建的天地壇，嘉靖九年（一五三〇年）實行四郊分祀制度後，在北郊覓地另建地壇，原天地壇則專事祭天、祈雨、祈穀，並改名天壇。清代基本沿襲明制，在乾隆時大規模改擴建。八國聯軍時受到嚴重破壞，一九一八年闢為公園。

　　天壇被兩重壇牆分隔成內壇和外壇，形似「回」字，兩重壇牆的南側轉角皆為直角，北側轉角皆為圓弧形，象徵「天圓地方」，俗稱「天地牆」。主要建築集中在內壇，南有圜丘壇和皇穹宇，北有祈年殿和皇乾殿，兩部份之間有隔牆相隔，並用一座「丹陛橋」（長三六〇米、寬二八米、高二‧五米），連接圜丘壇和祈穀壇，構成了內壇的南北軸線。

狗不理包子

　　「狗不理包子」，創始於清咸豐年間，約一八五八年。河北武清縣楊村（現天津市武清區）有個年輕人，叫高貴友，因生意太好，顧不上跟客人說話。因此，人家戲稱他「狗子賣包子，不理人」，「狗不理」因而得名，現在成了紅遍中國、國際的品牌。

　　原來高貴友乳名「狗子」，幼居天津，在當南運河畔的劉家蒸吃鋪做學徒，他用三年時間專學包子和麵食手藝，之後開辦一家名「德聚號」小吃店，專賣包子。（筆者奇怪，做包子要學三年？）

　　小店竟打開了知名度，後來民國的罪人袁世凱，在當直

隸總督時在天津編練新軍，為了獻媚滿清罪人慈禧太后，以狗不理包子作為貢品。禍害中國至少二百年的慈禧大悅說：「山中走獸雲中雁，陸地牛羊海底鮮，不及狗不理香矣，食之長壽也。」從此狗不理包子名聲大振，至今全國各地都有分號。

狗不理包子是「天津三絕」之一，另兩絕是「十八街麻花」和「耳朵眼炸糕」，而最有代表性和普遍性就是狗不理。天津的狗不理總店在山東路七十七號，其他地區分店也多。

狗不理包子為何好吃？先不說高貴友花三年時間專研包子。他在用料上也獨門，用豬肉的比例適量加水，佐以排骨湯或肚湯，加上小磨香油、特製醬油、薑末、蔥末、調味秘方等，精心拌成包子餡料。包子皮用半發麵，在搓條、放劑後，擀成直徑八‧五厘米左右，薄厚均勻的圓形皮。包入餡料，每個包子固定十八褶，褶花疏密一致，如白菊花形，最後爐蒸而成。

狗不理以鮮肉包為主，另有三鮮包、海鮮包、醬肉包、素包子等六大類、九十八個品種。二〇一一年十一月，國務院公布第三批國家級非物質文化遺產名錄，「狗不理包子傳統手工制作技藝」被列入其中。這個晚餐我們吃了狗不理包子，才算來過天津。

註　釋

①《中國最美的一百個地方》編委會編，《中國最美的一百個地方》(北京：華齡出版社，二〇〇七年四月第二次印刷)。

第 7 章　第七天，天津市

時間：九月二十三日　星期一

　　參訪觀光時間來到第七天，已近行程之尾聲，每個會員都還很有精神，只是過了「興奮期」。後兩天節目都輕鬆，沒有嚴肅的官方拜會、領導致詞。（雙方領導致詞僅在第一章記錄，之後均從略）。

上午，遊中國第一大戲樓（廣東會館）聽相聲、逛食品街

　　廣東人很會建會館，數百年來在海內外建了數不清的各式大小會館，最大就是在天津的廣東會館（天津戲劇博物館），乃中國第一大戲樓。數百年來，這裡有很多故事，多位偉人在此樓演講，大大影響中國政局。

　　天津廣東會館（以下簡稱會館），始建於清光緒三十三年正月十四日（一九〇七年）。坐落在天津老城鼓樓南面（今南開區南門裡大街三十一號），是天津現有保存最大最完整的清代會館建築。目前是全國重點文物保護單位，特殊保護的歷史建築，亦是天津市戲劇博物館，天津觀光之天王級明星亮點。

　　歷史上，天津原一處粵閩會館，但因粵商、潮商和閩商有矛盾情結。為方便廣東同鄉，由當時任天津海關道的唐紹儀等，倡議集資興建另一座廣東會館。此後廣東商人購置了鼓樓南大街原鹽運使署舊址土地，開始興建，於一九〇七年

落成，嶺南建築和北方四合院風格交匯之會館。該會館由戲台、南園、鋪房、客房、藥房等組成的綜合功能建築群。

一九一二年八月二十四日，同盟會北方支部曾請孫中山和黃興在此會館演講。一九一九年，鄧穎超曾領導覺悟社成員在此募捐義演。一九二五年，中國共產黨領導的天津總工會在此成立。

該會館佔地二十三畝多，光是房間有三百多間。主體建築是戲樓，看台分樓上下二層，坐席分散座、茶座和包廂三種，戲台是伸出式，可三面看演出。

會館的內部景觀，像一座大四合院，磚瓦木材都從廣東購買，院門宏闊，羅漢山牆高聳，廳堂都出廊廈，內部裝修華麗。會館之「南園」，設立醫藥房，造林植樹，景色十分優美，供廣東同鄉養病。

主體戲樓旁另有劇場，可容納八百人看演出。舞台正面鑲嵌著巨幅「天官賜福」木雕，天官、童子、猿猴、松柏、雲氣和四角的蝙蝠，構成美麗的畫面，梅蘭芳、楊小樓、孫菊仙、譚富英、尚小雲都曾在此演出。這些都是一代名家，傳統藝術家的代表人物。

會館另一功能，是作為博物館，目前設有「中國戲劇發展簡史」、「中國京劇發展簡史」、「中國戲曲藝術人物造型」三個展館和拜師堂、中國古典劇場兩個原景陳列。另外，還收藏了千餘件戲劇相關文物，其中包括眾多京劇名伶的演出服裝和書畫作品等。

天津的廣東會館有豐富的歷史文化內涵，在歷史、藝術、科學等方面都有極高價值，已成為了解中國戲劇藝術文化和展示的窗口。到天津旅遊，在此會館看表演，已成必選。

不知為何？廣東人極愛建會館，可能廣東人較具冒險精

神，海內外到處廣東人和他們的會館，革命先烈最多的就是
廣東人。目前在北京、上海、江蘇、四川、廣西、江西、河
南、安徽、浙江、甘肅、福建、湖南、山東、湖北、雲南、
台灣……都有廣東會館，不知那一省沒有，光是中國台灣就
不止一處，海外就不計了。

　　今天到會館聽相聲，中國人從小一定都聽過相聲，這是
中國文化裡的獨門說話藝術。你看笑翻天的必是中國人，光
看不會笑的必是洋人，他們聽不懂，這就是文化文明背景不
同的關係。同理，國人出國看人家表演也是，人家笑翻天，
而你呆若木雞，只聽到一個名詞單字，還在想字典中的解釋，
卻已表演結束。幾千元票價浪費了，還不如在旅館睡覺或逛
街。

逛天津食品街

　　「食品街」到處都有，天下每個都市都有幾條乃至更多
的食品街，光是北京、天津不知道有多少？有那一條獨具魅
力？可以吸引最多觀光客，來逛來吃喝，來「血拼」購物的？

　　看完相聲表演，尚有一小段時間，我們逛「天津食品街」。
大致了解後，才會知道天津食品街為何會大紅特紅，原來它
不光是一條「街」，也不光是「食品」街，是有深厚文化藝術
的露天展場。

　　天津食品街，位於天津市和平區慎益大街和榮業大街交
匯處西南角。建成於一九八四年，高聳的圍牆把食品街圍成
一個正正方方的四方形王國。城內兩條大街成十字交叉，把
食品街均分為四個分區，沿街設有上中下三層店鋪，第二層
由環繞全街的平台式回廊相貫通，底層是各種地方特色小吃。

　　食品街的四個門樓是仿清式古建築，高二四‧五米，寬

十六米，門樓屋頂是重檐殿式木結構。八個飛檐翼角外觀一致，翼角頭上裝有琉璃瓦套獸、龍、鳳和仙人等，金碧輝煌。

　　食品街四座門樓上，各有一塊牌樓門匾，南為「振羽」門，西是「興歌」門，北是「中聖」門，東是「華腴」門。四個門字首聯起來正是「振興中華」四字，字體摘自我國歷史上的書法各家，有顏真卿、柳公權、歐陽詢、趙孟頫。各牌樓名稱的含義，分別是「振羽迎賓」、「興歌起舞」、「中聖醉酒」、「華腴美味」。亭檐的八個翹角，與四個門樓遙相呼應。

　　食品街最重要當然就是「吃」，吃什麼？有什麼好吃？才是吸引人的地方。食品街有系統的聚集我國八大菜系，分別是：

　　魯菜館（山東）中的蓬萊香飯庄、聚英德飯館、華林酒家、九河樓海鮮館、野味餐廳、鳳凰（圖庫酒家）
　　蘇菜館（江蘇風味）中的蘇州得月樓。
　　川菜館（四川風味）中的峨嵋酒家。
　　徽菜館（安徽風味）中的古井大酒家。
　　粵菜館（廣東風味）中的羊城酒家、潮州餐廳、天津香港餐廳。
　　浙菜館（浙江風味）中的浙江酒樓。
　　湘菜館（湖南風味）中的津湘飯庄。
　　閩菜館（福建風味）中的津閩餐廳。

　　除八大菜系，另有天津風味餐、山西風味菜及紹興、清真、老外和宮廷菜等。原來到了這條街，等於可以吃遍全中國各省美味，難怪吸引海內外中國人來吃各種美食，老外也不少慕名而來。

天津食品街也有極佳地理位置，坐落市中心的繁華地帶，東與和平路商業街為鄰，西靠南市的旅館街和服裝街，北有文化街和鼓樓隔街相望。而食品街集飲食、購物、旅遊、娛樂為一體，是國內最大飲食集中地，為天津十景之一。

下午，萬國建築博覽苑、勸業場、天津之眼摩天輪

中國境內的外國建築很多，筆者也參訪過不少，包含目前台獨偽政權蔡妖女正坐鎮的「偽總統府」，是倭竊台灣時期的建物。大陸就更多了，那是滿清時代西洋列強在中國有很多殖民地、租借地和租界，不計其數。

如德國租借膠州灣，俄國租借旅順和大連，英國租威海衛、九龍和香港，法國租廣州灣，葡萄牙租澳門⋯⋯記不完。而租界所在地更多了，英、法、俄、倭、德等大國，在中國都有一大堆租界地，就連比利時和義大利也在吾國天津有租界地。其他更恥辱的不平等條約，真是多如恒河沙，當時全世界幾乎所有國家，都可以來中國撈些好處，只要派一條獨木舟到北京示威，就可以得些賠款或割一塊租借地。

因為如是，在中國境內幾乎可以看到世界各國建築，洋人來了，要吃要住要用要做生意，就得蓋房子。我們所見「天津萬國建築博覽苑」，就是百餘年前各國在天津殖民的證據，照理說這些是「國恥證據」，現在都成了生財的工具。

萬國建築博覽苑（五大道風景區）

五大道在天津市中心城區的南部，有東、西向並列著以中國西南名城為名（成都、重慶、大理、睦南、馬場）的五條大街，有保存最完整的洋建築，天津人把它叫「五大道」。五大道地區有洋建築二千多所，總面積有一百多萬平方米，

其中較典型有三百多幢風貌建築，主要英式建築八十九所、義式建築四十一所、法式六所、德式四所、西班牙式三所；另外，還有文藝復興、古典主義、折衷主義、巴洛克、庭院式、中西合璧式等各類建築，被稱「萬國建築博覽苑」。

天津五大道，坐落成都道以南，馬場道以北，西康路以東，馬場道與南京路交口以西的一片長方型地區。共有二十二條道路，總長十七公里，總面積一‧二八平方公里。歷史上曾是英租界的「牆外推廣界」，地勢低洼，填平後各國在此建造房屋。

辛亥革命後，許多清朝皇親國戚、遺老遺少，紛紛從北京來到天津租界寓居（避難）；另許多富貴巨商、各界名流、紅角、北洋政府要人，也曾在此留下足跡。北洋政府一些失敗的總統、總理、督軍、省長……不少避居到這「國中之國」，力圖東山再起。這裡是中國大動亂時代的避風港，中國政府沒有主權可以管。

五大道地區的地名有三個特點：㈠獨立宅邸多，里巷數量少，名人名樓概以門牌為標識，不另命名，不設區牌張。㈡街巷通名以「里」為主，「胡同」之名未見於此。㈢出現了「大樓」、「別墅」、「村」、「坊」之類通名，如香港大樓、馬場別墅、劍橋大樓、安樂村、育文坊等。馬場道是最早修築的馬路，也最寬最長。

天津勸業場

天津勸業場，是中國天津市和平區著名的老字號商場。二十世紀二十年代時，由井陘礦物局津保售煤處總經理、天津買辦高星橋集資創辦，法商永和營造公司保羅‧慕樂設計建造，一九二八年末建成並開業。

勸業場坐落於原天津法租界杜總領事路和福照將軍路交

叉的十字路口，現在是和平區和平路二九〇號，濱江道一五二－一六六號，與惠中飯店和浙江興業銀行大樓相對。目前，勸業場已是全國重點文物保護單位，天津市人民政府已列為「特殊保護等級歷史風貌建築」。

保羅・慕樂（Paul Muller），法國籍建築師，當時天津工商大學工學院教授。一九二八年主體建築落成時，是華北地區規模最大、功能最全的綜合百貨商場，場內高懸著書法家華世奎書寫的「天津勸業商場」金字招牌。

勸業場大樓樓高三十三米，共五層，局部八層，由五層起三段逐節收分，經幾次改造修建，現在建築總面積二萬九千六百平方米，為鋼筋混凝土框架結構，是折衷主義風格的大型綜合開敞式商場。

「勸業」之名何來？勸業場因在法國租界內，租界當局提出「法國商場」之議，但高星橋採納了合作股東清慶親王載振提議，取名「勸業場」。「勸業」二字源於光緒三十一年（一九〇五年），清政府在北京設立了「勸業陳列所」。「勸業」二字也寄託國人圖強創業之意，所以在開業之初，其經營宗旨曰：「勸吾胞興，業精於勤，商務發達，場益增新。」此即「勸業商場」四字內涵之警言，實乃棒喝中國人之不思振作！

有志之士洞知中國人之病，在二十世紀前半個世紀，確實產生了影響，大家開始覺悟要振作圖強，各大城市出現不少勸業場。如北京勸業場、青島勸業場、成都勸業場、武漢勸業場……到了二十一世紀的現在，中國人全面的醒了！大家不必「勸」，已有強烈企圖心和自信心，我們開始要實現中國夢，要全球中國化。中國人不出三十年，必然統治全球！終結美帝時代！有五千歲智慧的中國人，地大物博，人口是美帝數倍，我們會鬥不過才二百多歲的美帝屁孩嗎？

法國英雄拿破崙說的好：「中國是一頭睡獅，千萬別讓他

們醒來！」現在睡獅被西方帝國主義「打」醒了！西方世界全都慌了！「貿易戰」只是藉口，目標就是要整合西方勢力（美帝為首），打垮中國，如是簡單的思維。但只有大戰略素養很高的人才看得出來，一般人根本霧中看花，乃至無感！無知！被某一勢力牽著鼻子走！

天津之眼摩天輪

天津之眼（The Tianjin Eye），位於中國天津海河永樂橋（原慈海橋）的巨型摩天輪，是世界上唯一建造在橋上的摩天輪。高一二〇米，直徑達一一〇米，相當於三十五層樓高，裝有四十八個透明座艙，每個座艙面積達十二平方米左右，可供八人乘坐，整個摩天輪同時可承載三百八十四人觀光。

摩天輪以電力驅動，勻速旋轉一周大約二十八分鐘，最高頂可看到方圓四十公里內景致。二〇一〇年十一月，被評為中國國家 4A 級旅遊景區。

參觀（自由乘坐）摩天輪已是傍晚，現在交通很方便，若自由行可用共享單車，沿海河前進，風景美到不可思議。我們是乘專車，老遠就看到天津之眼，許多人是慕名而來，看天津之眼最好的角度在「金鋼橋」上。橋上滿滿的人，都在等候華燈初上的時刻，大家拿出手機，也有專業攝影家，都在捕捉天津之眼最美的夜景。

世界上現有四大摩天輪，依大小排名，第一名新加坡摩天轉，第二名南昌之星，第三名倫敦之眼，第四名天津之眼。天津市夜景不會像很多城市的繁亂，整個城市繁華而不浮華，視覺感官很舒服。從遠處看海河流動的光影，把夕陽轉入地平線，引起星光和城市燈光的交互輝映，天津之眼看起來像宇宙間的時光飛輪，要飛向某一星球，現在暫停在「中國天津航天站」。

第8章　第八天，天津 ── 台北

時間：九月二十四日　星期二

　　由會長吳信義所率領的中國全民民主統一會二十七會員，參訪北京、天津行程，今天已快劃下完美的句點。問大家有什麼感想，每個人至少可以發表一篇「萬言讚嘆文」，唯有用「讚嘆、滿意、感謝、期待」八個字，形容每個人的心聲。

　　讚嘆：我們讚嘆祖國的各項基礎建設，具有百年大業、千年宏觀的偉大視野，我們用三十年就完成西方百年才能完成的建設。超英趕美，已非空話！

　　滿意：是針對此行所安排的食、宿、行、看各領域，都安排的很用心，所見各景點都很有代表性、啟示性。要找出那裡的不足，還真是找不到，完美的行程。

　　感謝：感謝祖國各級承辦單位的安排和接待。在廊坊、霸州、安次、永清、海淀、台灣會館、孫中山致敬等，各級領導接待，專人講解，我們感受無限溫馨！

　　期待：統一，終究是兩岸最後的結局，本會會名就標示著，「統一」是全體會員共同目標，「寧共不獨」是更堅定的目標。我們期待，中國之統一能在有生之年看到，便可含笑於西方極樂世界。

上午，義大利風情區、古文化街風景區

　　一九〇二年六月七日，天津海關道唐紹儀與新任義大利駐華公使嘎里納簽訂了《天津義國租界章程合同》，劃定天津義大利租界的範圍。位置介於天津奧租界與天津俄租界之間，南臨海河，北到津山鐵路，與天津法租界和天津日租界隔河相望，面積七七一畝。

　　一九〇二年，義大利首任駐天津領事費洛梯上尉，來進行勘測和規劃之後，利用海河清淤的廢土墊平沼澤窪地，修建排水系統，興建義大利風格的花園住宅並完善服務設施。包括俱樂部、花園、市場和警察局，至一九四六年，天津義租界被中華民國收回。

　　天津義大利風情區，又叫「新義街」，或叫「海河義式風情區」。二〇一一年，根據天津市規劃局編制公告《天津市一宮花園歷史文化街區保護規劃》，正式定名「一宮花園歷史文化街區」，目前是國家 4A 級旅遊風景區，亞洲唯一的義大利風格建築群。

　　地理與規劃，義式風情區在天津市河北區，東起河北區五經路，西到河北區勝利路（北安道），南起河北區博愛道，北至河北區建國道。緊鄰天津站和海河，和古文化街、和平路商業街、天津環球金融中心、天津金融城隔河相望。另外，天津義式風情區附近有很多高端住宅和酒店。如：津門、君臨天下、恒隆廣場、津塔公寓、仁恒海河廣場、海河大道、希爾頓飯店、聖瑞吉斯酒店、悅榕莊酒店等。

　　天津義式風情區目前規劃十四個區：第三、四、十一、十三區為餐飲娛樂區；第一、二、十二區為展覽及配套服務區；第五、六區為精品酒店和旅遊服務區；十四區是精品百貨和品牌旗艦店區。餘尚規劃中。

天津古文化街風景區（津門故里）

天津古文化街風景區（津門故里）（簡稱天津古街）。位於天津市南開區東門外，東起海河西岸，北為老鐵橋大街（宮北大街），南到水閣大街（宮南大街），長約六八七公尺，寬約五公尺，南北入口各有一座「津門故里」和「沽上藝苑」牌坊。

這條天津古街是天津著名的商業步行街，是往著祭祀海神和船工聚會所在地。天津古街於一九八六年落成開放，以位於天后宮為中心，整體建築是仿清民居風格，為天津十景之一。二〇〇七年，正式成為國家級 5A 級旅遊風景區，是天津觀光一大賣點。

天津古街有久遠的歷史發展，淵源自天后宮的歷史。宋朝年間，中國高麗使者路允迪的船隊在海上遇大浪，船皆沈沒到剩一艘，眾人向林默娘祈求得獲生還，這個故事流傳下來。南宋冊封林默娘為「靈惠夫人」、「靈惠妃」，到了元朝晉封為「護國明著靈惠協正善慶顯著天妃」，清朝又晉封「護國庇民昭靈顯應仁慈天后」。

天津古街這位置，在金朝時為直沽寨，元朝設立海津鎮，是槽運的重要樞紐，並建了天妃宮，到清朝改叫天后宮，至今香火鼎盛。成為古文化觀光區後，回復往昔每年農曆三月二十三日舉辦的皇會，有龍燈、高蹺、旱船、秧歌、法鼓、中幡、獅子舞和表術表演，成為觀光旅遊的一大亮點。

天津古街的建築文化特色，百家店鋪，青磚砌體，磨磚對縫的清代風格，坡頂、樓閣、冰盤簷、掛落板、朝天欄桿的平頂小閣，窗櫊上彩繪歷史故事。最具特色是天后宮、戲

樓和桅桿旗幡的壯麗景色，搭配宮前廣場的視野，感受古巷古樓的建築氛圍。

下午，帶著感恩和期待，返回台北

午餐後，沒有時間休息就趕到機場，兩點多的飛機返回台北，結束這八天的參訪。此行劃下完美的句點，相信會成為會員一生難忘的回憶，期待兩岸中國人有智慧完成統一大業。

團員陶增山、周佳儀合影

團員吳淑媛、林錦堂合影

團員吳淑媛、金玲母女合影

團員邱蓮霞、邱麗霞姊妹花合影

啓　航

我們是追尋祖靈的族人
信義、坤德、張屏、若鋆、珠延
淑媛、金玲、陽布
秀梅、麗霞、蓮霞、台客、
隘金、秀珍、世輝、增珊
佳儀、安邦、建業、立祖、小英
錦堂、淑貞、美枝
蜀禧、學明、進發
筆者恒與諸君同在
我們啓航
飛向神州
追尋烈祖烈宗的足跡
復興中華民族
實踐中國夢

我們駕雲踏浪而來
雲往神州飄
浪往神州湧
風雲浪潮或許有意外的方向
向異域奔流
但我們追尋烈祖烈宗的足跡
是絕不會走失方向的

祖靈呼喚得緊
我們對祖國有一份依戀
那是親情的感覺

我們在黑夜裡飛行
繁星閃爍是親人的微笑
而浪潮和風雲
起起落落
我們內心平靜
就像孩子在媽媽的懷裡
平靜、安全

北京、天津、廊坊
以及⋯⋯
是我們許多族人的祖居地
是我們的心靈故鄉
長江、黃河⋯⋯
泰山、華山⋯⋯
北京的胡同⋯⋯
山，我們記得
水，我們熟悉
人，我們都是一家人
我們啟航
為來看看家人
親吻我們夢中的神州大地
無論城鎮，無論村落

現代都會，傳統古村
我們總看到華彩和諧的人間
美麗大中華

列祖列宗的生身地
我們心靈的原鄉
愛，及於每一朵黃河浪
情，及於每一滴長江水
思，亦及於每一粒神州之塵土
我們啓航
呼應祖靈的呼喚
歌之詠之，舞之蹈之
滿懷思緒
多如太平洋之水
寫出的不到一滴

啓航，航向原鄉
懷鄉的思緒
生生世世在胸中不斷漲潮
白髮已三千丈
每一丈都暗藏一種神之州之風景
為方便找尋五千年前
祖居的地址
閱讀每一族姓氏的族譜史話
時光帶走每一代人
帶不走的是

中華民族的基因
基因始終指引著我們的航向

季節在代代輪迴中新生
新生不會改變航向
每一代的中國人
都在回應祖靈的呼喚
你們終於要回家
看看家鄉事
了解祖國的百年建設大業
今夜就在
廊坊花園酒店織一段中國夢
不論夢中或夢醒
一縷蓊郁的鄉情
都在胸中澎湃

拜會廊坊市台辦

相見歡
已過了中秋
這裡的氣氛很春天
名片還沒有拿出來
眼神已先遞出熟悉的名片
加上臉上微笑的語言
雙方已了然於心
你說唐詩

他道宋詞
你說李白杜甫
他道三蘇父子
整個會議室已春暖花開

統一兩座山
雙方相見的動機是為統一兩座山
統一是本有的共識
故能相見歡

兩座山
面對面站了半個多世紀
兩個都握緊拳頭
好像隨時準備要打架的樣
中間隔一道細細的海峽
更早的時候兩座山天天打架
打得頭破血流
人當然死得不少
幸好，半個多世紀來不打架了
但統一始終沒進展

兩座山
一座是超級巨大的山
現在已然壯大成世界級大山頭
另一座是很小的山
其實相較之下，不算是一座山

頂多只是個小土堆
小土堆把自己澎脹成一座山
有個部長說
我們可以放大成山脈

兩座山隔海而望
那姿態，好像有多少恩怨情仇
現在兩座山的代表們
都坐在廊坊市台辦的會議室裡
就是要談談
為中華民族的復興
為全體中國人的生存發展
為中國的繁榮強盛
不要再成為西方強權的口中肉
要把恩怨情仇全部放下
大家都要努力
不論大山還是小土堆都是一家人

寧共勿獨
在廊坊市台辦的會議室裡
兩小時的坐談
雙方領導發表談話
大家得到一個共識
寧共勿獨
未來也將聯合打擊台毒
讓邪惡的毒水

不會毒化中華民族的子子孫孫
兩座山都在反省
反省過去的不是
過去為什麼不願意面對歷史
還曲解歷史
假造歷史
兩座山說得眼淚要掉下來
掉下成江河

天色有些晚了
兩座山握手言歡
今晚也不醉不歸
我們臉上都散發著光輝
我們同文同種是同胞
共同的祖國
所以，座談會結束時
雙方再次確認
兩座山必須統一
寧共勿獨
是我們共同追尋的目標

參訪霸州

霸州不大
能為河北十強之一

也是一方霸主
你自春秋戰國走來
經千百年熬煉
乃成霸州
雄霸之州

走在現代霸州街上
不覺間抬起胸堂
儼然也是英雄
風的氣息拂過臉龐
迎面而來
是一朵朵花兒
朵朵笑臉
與我們都是第一次相見
已感到親切
閃耀著幸福的光芒
很想親吻腳下的泥土
抓一把聞聞
有媽媽的味道

我們走在河北十強街上
時間太短
面對繁華似錦的霸州
千年雲影瞬間從眼前走過
所有的風雨都往生了
大家彷彿走了很多路

只是錯覺
因為你只做了一個白日夢
就讚嘆
讚嘆霸州不是浪得虛名

我從一粒沙看世界
又從一朵花看天堂
當我們走過霸州的一座花園
我已看到世界的影子
也看見天堂的背影

安次區經濟技術開發區

有時候你不得不相信命
有人就是天生命好
天生下來就佔在一個戰略要點上
安次區經濟技術開發區
地緣關係得天獨厚
天生命好啊
當然，後天人為的努力更重要

安次的現代感
已然是超現代或後現代
走在街上
讓你覺得像一隻飛在天空的魚

我們悠遊於同一條河流
飛同一塊天空
愛同一塊土地
相同的渴望

走過另一條街
城市的公交站台
擠滿了到此觀光的背包客
許多會玩的魚和鳥
看上去都是黃皮膚
也有很台的
很港的
少數很洋的
更少有很倭的

我們參觀一座技術園區
有專業講師來介紹
聽起來像外星科技
或超現代了
我們這些老人家顯得落伍
只會和青山對話
也聽得懂祖國大地的無言說法

安次區天生命好
人們又肯努力打拼
創建成為省級工業區

發揮地緣關係的優勢
得以繁榮壯大
士農工商都實現夢想
我等今夜
也必織一段美夢

永清現代產業技術園

辦完了正事
我們化做一隻隻鳥兒
鳥獸散
難得的自由活動時間
走在永清現代產業技術園
園中的園中之園
飛來飛去
吃喝玩樂
一眼望去
眾多的鳥兒
我看到一隻最可愛的
停在一株花朵上
安靜的享受
園中的寧靜

這個季節的天色
在永清現代農園

展現了歷史上少有的風景
不論鳥或人
生活都那麼詩意
田園詩派在這裡復活了
人活得像鳥一樣自由
鳥活得像人一樣富裕
都有陶淵明的味道
這個都市型農園是永清的夢
到了永清
你才會知道原來傳說中的
永清夢，是真的

在這個都市型的現代農園裡
織夢是最大的享受
有夢最美
沒夢可慘了
所以各位看官旅人背包客等
若你想織一段最美的人生大夢
來一趟永清現代農園吧

觀賞永清現代農園
園景美得讓人醉
看花看景
看到醉你定是不相信
你一朵朵端詳
一張張拍照

等存在雲端時
天帝眾神看了也醉
你當然也不相信

世界上的都市就是都市
地球上的農園就是農園
而都市在農園中
農園在都市裡
這是哪裡
正是現代永清
神州大地一永清

現代永清是追夢園
傳統與現代合一
都市與農園共構
一家親
走入永清
你的日子不擦而自亮麗起來
每一刻都是美夢成真

雍和宮，眾佛來見佛

康熙、雍正、乾隆
還有章嘉呼圖呼圖活佛
你們曾在這裡論說佛法

聲音還在這宮裡迴響
佛法雖有北傳、藏傳和南傳
但佛法不二
萬法歸一

大老遠已聞鐘聲
眾生都聽到召喚
古剎有神
神光已照耀四百年
就連幾株大樹
也因就近聽到活佛講經說法
長得特別高大神氣

章嘉呼圖呼圖的傳說
依然鮮活
生生世世流轉
永恆不老
我等二十七人也是佛
千載難有的機會
也來結一段佛緣

我們化一段佛緣
未來也把佛緣轉化給別人
把恆久的慈悲
傳揚四方
二十七個佛的心願

供養一朵蓮花
佛與佛必能接心

此刻我等，無住生心
自在如一
感覺似無來，亦無去
卻在我們內心
升起唱經的聲音

人生有如少水魚
我們北京天津行少了多少水
少掉了水
得到了一段佛緣
人生一輩子
值得、值得！

北　海

說北海，即非北海
是名北海
自古以來是皇家後花園

今天我們演一回皇帝
到北海賞花看景
果然，這裡花非花
景非景

如夢似幻
為何叫北海
因為你所見如夢幻
湖看成海

我們一行在海中閒逛
看見有光
有人做了白日夢
靈魂之光、旅人眼神之光
星星、月亮、太陽
聚於北海
今夜就在北海織夢吧

什剎海

什剎海是眾神加持的海
海非海
是名海
海的四周住著眾仙佛
廣化寺、火神廟、護國寺、保安寺
真武廟、關帝廟、佑聖寺、萬寧寺
石湖寺、萬嚴寺

坐在什剎海一角的涼亭
沈思，或入定
與眾神接心

真武大帝、關聖帝君、火神
以及佛
他們也一定常在什剎海
散步，或講經

我等一行在這座海中
航行，聽聞
海，說了什麼
海會說什麼？海的無情說法
誰聽得懂？

煙袋斜街胡同

民心的方向
民生的真相
都在這胡同中
自然呈現

彎曲的胡同裡
閃著古銅色的霞光
年代太久遠了
或許遠古的北京人
也住這裡
吸這裡的煙
這是我走一段煙袋斜街的感受

大家零星閒逛
昂首看有霞煙的天空
逛胡同的人
比魚更悠游
比鳥更自在
兩小時已經走過宋元明清
到民國
發現許多歷史課本裡
不寫的真相

在街角斜對面
標示一家煙樓
想來，滿清末年哪些政要
都在這裡吸煙
帶動全民吸煙潮
國家被吸垮了
煙樓成為一座警示

古銅色、灰黑色的牆
是時光耕耘留下的證據
還有牆面的光痕
透露出什麼秘密
胡同是一條時光隧道
找尋歷史真相
來逛就對了
體驗真實庶民生活

來住兩天就對了

煙袋斜街
是所有胡同的縮影
把一個傳統時代
典藏、停格
永恆不老

吃北京便宜坊烤鴨

光是香酥脆
就是幾百年的智慧
結晶，吃不膩
有一種
黃山歸來不看山
吃過北京便宜坊烤鴨
歸來不吃烤鴨了

歸來只會想念
想念一隻鴨在大灶爐的烤煉
通過廚師加持
香味就打通了歷史時空
抓住了每個時代
眾人的胃
名傳千里

吃北京便宜坊烤鴨
以香酥脆為地址
所有慕名而來的人
想吃的人
不管你住在地球的那個角落
你必能聞香而來
不需導遊帶路
香酥脆自然引你成為
便宜坊的坐上賓

便宜坊烤鴨在演化中
如今演化成一套
北斗系統
想吃北京烤鴨的
都自動導航
不約而同
情不自禁
一個個走進便宜坊大門
真神啊

回到台灣才沒幾天
便宜坊烤鴨演化成
一陣陣鄉愁
懷念便宜坊的好茶
便宜坊的好酒

便宜坊的親切
解開鄉愁的藥方何在
唯一的解方
我們商討再到北京
專吃便宜坊烤鴨

王府井大街

就是一條老街
很老，有幾百歲了
這麼老了
從來都不生病
住在這裡的人都稱王
喝著井裡的長生不老泉水

走進這條街
心情很快回到古典
走幾步
有的人就過宋元明清
有人走進時空隧道
竟回到漢唐

走啊走
很快了我是誰
我是旅人還是樵夫

走進一家酒館
有人吆喝著
仔細一看
原來是明朝十王
現在改行當酒保
不領朝廷薪水
只賺觀光客白花花的銀子

人潮帶來錢潮
各種商品
從幾千年前到二十一世紀
應有盡有
街的年歲很老
街的氣氛充滿活力
像是人人都在打拼
打拼，實踐中國夢
中國夢，是每家商鋪老闆的夢
是王府井大街的夢
是我們大家的夢

走進一家古董店
這裡販賣古老的歷史
歷史課本沒記的
這裡都有
我們聽老闆講老街的故事
彷彿宋元明清每個時代

他活過、走過
他是王府井大街的活歷史

北京孔廟（國子監博物館）

在吾國歷史上
我最敬佩的人就是孔老
幾千年來
從秦始皇開始
就有一批批人要打倒孔家店
最後都自己先倒
孔家店照開
永恆不倒
成了吾國歷史上開最久的店
能不敬服孔老嗎？

現在南蠻小島上
一群台獨偽政權的妖女男魔
也正積極的在打倒孔家店
胡搞「去中國化」
說孔子是外國人
從各級學校教科書裡
清除掉儒家文化
一群喪心病狂的台毒啊
去孔化、去鄭成功化、去媽祖化……

禮義廉恥、仁義道德
都是封建遺毒
棄之如破鞋
小島將重回石器時代

同樣是在北京
在孔老現在坐的位置上
才不過幾十年前
大批不知道自己是誰的中國人
成天示威遊行
也是要打倒孔家店
要把四書五經丟到茅坑裡
孔老坐在位置上
不為所動
無懼於邪魔歪道橫行
時間是終極考驗
最終孔老依然高坐北京孔廟大位上
成為一尊打不到的神祇
而那些要打倒孔家店的牛鬼蛇神
不知死到那裡去了

中國人經二千五百多年檢驗實證
孔子思想已成中國文化象徵
儒家文化是中國文化的核心
凡是違反儒家文化的政權
都是不法政權

非中國人所要

景山公園

這是美麗與哀愁的公園
康熙大帝登景山作詩曰
雲霄千尺倚丹丘
輦下山河一望收

比康熙早些時候
明崇禎皇帝到景山
上吊自殺
終結明朝

現代登景山的觀光客
為一覽北京城全景
為一眼全方位看盡紫禁城
把感傷還給歷史

登景山不是爬山
登高只想遠眺
想和山上的樹站在一起
讓自己有孤獨的感覺

終於登上了景山

旁邊有導遊的聲音
說了康熙大帝、崇禎皇帝
又說了溥儀、馮玉祥和江青

景山的故事說不完
我是來看風景的
也成為別人的風景
這裡的樹木和風雲都是故事

崇禎皇帝上吊自殺的
那棵歪脖子樹
最是感傷，至今不明白
他為什麼要死在我身上

今天景山人多
山上的風沒有秩序
一會兒東北風
一會兒西南風

大家都說上了景山
能把握北京全景
但北京今日吹的什麼風
難以預測

台灣同胞聯誼會（北京台灣會館）

這裡是台灣人在北京的家
滿清時代
台籍進士施士洁倡議創建
隨著時代演變
台灣人在北京需要更大的家
現在的北京台灣會館
是台灣同胞在北京聯誼之重鎮
從北京擴散
台灣人大膽西進
在神州大地創造光輝的大業

台灣人要擁抱神州
親近神州山河人文
我們是世界之泱泱大國
有五千年文明文化之現代大國
物產最豐之國
台灣同胞來聯誼
也來挖寶

我們都是台灣同胞
現在來到台灣會館
也想來尋寶
不知寶物何在？

台灣人要來認識自己祖國的寶
一千一百萬平方公里的土地是大寶
土地下藏著金、銀……銖土是國寶
李白、杜甫……孫中山是寶
五大發明都是寶
我們的九流十家是寶
五千年文明文化那樣不是寶
十四億同胞，個個都是民族之寶貝
每個省、縣、市都有無盡寶藏
台灣就是個寶島
我們中國的寶貝說之不完……

北京台灣會館
亭台樓閣、花木扶疏
滿園紅花綠葉
都為歡迎你的到來
歡迎你回家

逛前門大街

北京前門大街
為什麼沒有後門大街
因為這裡的人
做任何事都走前門
不走後門

前門大街
好熟悉的名字
定是上輩子走過
隨著直覺的腳步
賞寧靜中的繁華
看寂靜在街角的熱鬧中

一家古董店出現在眼前
販賣失落的世界
或拍賣歷史
不覺間我們穿透時空
走進一個朝代
朝代很古老
因為眼前的夢很古舊

走在人群中，走散了
獨自一人散步
在自己的國度裡
怎麼走也不會迷路
這些街道、土地、風景
住在我心中幾十年了
就像一個老朋友
雖久不見面
只要真情在
就永遠不會忘記

靜靜走在前門大街
看著滿街都是寶物
一定有你喜歡的
記得，走前門大街
不要走後門

向總理　孫中山獻花致敬並報告中國現狀

台灣地區中國全民民主統一會
會長吳信義率會員代表向　總理
孫中山先生獻花致敬並報告中國現狀

我們的總理，永遠的總理
你在哪裡！
海峽兩岸子民都在想念你
全球中國人都在想念你
我們只能對海峽浪潮大喊：
總──理──
大海有了回音：
他正要重組中華革命黨
我們又對著神州大地喊：
總──理──
大地巨大的回響：
他正忙著創建黃埔軍校事宜
親自清點五百支步槍

命蔣中正任黃埔軍校校長
總理，我們永遠想念你

總理，你知道嗎？
你創建的中華民國
本來有一千一百多萬平方公里土地面積
一九四九年後中華民國流落台灣小島
面積剩下三萬多平方公里
現在更慘了
中華民國被妖女男魔偷樑換柱
現在只剩一個空殼
一個空名的中華民國
妖女男魔說你是「外國人」
台獨意識高漲
毒害下一代
遲早有一天，連中華民國之名也沒了
如破鞋般被丟棄
尊敬的總理，你說傷不傷心

總理，雖有傷心的地方
卻也有安慰、樂觀的一面
想當年，你最得意的信徒蔣中正
把江山讓給共產黨
那是你曾經「容共」的黨
他們自稱也是你的信徒
中國在共產黨治理下

大家都說：三民主義的理想在大陸實踐了
你的建國藍圖、實業計劃都實現了
中國已然崛起
中華民族已然復興
中國夢就是所有中國人的夢
也是總理你革命四十年的夢
總理臨終的遺言：
和平、奮鬥、救中國
如今中國已然得救
是共產黨救中國，國民黨應也樂觀其成
只要中國得救，成功不必在我
總理，你說對嗎
中華民國和國民黨現在也靠共產黨救
形勢比人強啊！總理

總理，全統會的成員也都是你的信徒
全統會的宗旨也是中國統一
而且堅持「寧共勿獨」
相信統一是不會等太久的
今日中國在某些方面已「超英趕美」
不久的未來必定完成總理的夢想
也是全體中國人的夢想
此時此刻，這吉日良辰
向總理獻花致敬，報告中國現狀
祈願，總理佑我中國
早日完成中國之統一

中華子民永遠想你

2019 北京世界園藝博覽會

園區太大了
比很多國家的領土還大
超大的植物園藝世界
新世界的奇幻之美

午後，在花園的雨林中
走進外星園林
有霧自林園飄出
水聲合唱天籟之音
綠林和紅花各自站立
美姿演出

這裡的一切都在寂靜中
聽見一片落葉的道別
鳥兒以歌回應
轉一個彎
好像從熱帶園林進到寒林
那些奇花異草
天生不怕冷
雪光迎面
無數水珠在葉上一閃一閃

這是哪一個國

有蝴蝶總是迷戀著花園
在園林裡開舞展
秋風中翻飛
是兩隻真實的蝴蝶
或莊周所夢
她們相互追逐
吸引觀者目光
這是世界園藝博覽會
節目單上所沒有

世界園藝博覽會
是整個山河大地美景的縮影
一種夢境的實踐
這是中國夢吧
只有勇於織夢的民族才辦得起
如此規模的園藝理想國

我們在這園區裡擁抱美景
用平靜的激情
唱高亢的歌
歌我中華
神州大地就是自然的博覽會

長城頌

一到居庸關、八達嶺
就聽到祖靈的呼喚
炎黃老祖秦皇漢武傳話
子孫們
我們生命一定有個出口
長城活了
巨龍醒了
祖靈的回聲
保持靜肅，聽
就在二十一世紀
神龍自神州大地飛騰
飛騰於虛空
抓得住整個地球
這是祖靈的聲音
我們聽到了

長城醒了
千百年爭戰
城牆到處是傷口
千百年之殤，醒了
正在恢復中
崛起
我們開始打通龍脈

打通山河江水
五臟六腑氣血全通
進而
準備打通地球
長城醒了
長城敢於向地球鬥爭
巨龍醒了

從居庸關長城腳下走過
地平線上突然一驚
是否戰事再啓
蠻荒的天空舞台上
出現新的戰場
敵人從海上來
強大的黑鷹正展示武力
不論何時何地
不管哪個朝代
敵人都在窺視
巨龍醒了

長城醒了
貼緊神州大地
長城，就是你
你的心跳聲
驚醒了所有的眾生
連簌簌小草都聽得見

土地也聽見
但在歷史上，你
經常患呼吸中止症
你心不跳
大家的心也不跳
民族之危亡啊

命運，什麼都是命運
也太沒志氣
男兒當自強
你是中國的脊樑
你始終守護著中華民族
你是我民族的事業線
起來，站出來
向命運挑戰
不管敵人從北方來
或從海上來
吾等無懼
只用一帶一路
就把地球抱在懷裡
全球中國化

不可否認的
長城醒了
巨龍強大了
還是有不少殘磚斷瓦

跌落的磚塊
仍在地上沉睡
或被農民搬去當童養媳
古風在荒煙徘徊
枯衰的靈魂在老樹上
找不到巢
找不到家
有些龍族仍在沉睡中
有些是迷失了方向
還有些是中毒了

騰飛的巨龍
有些被光陰盜竊一空
剩下想像
有些被禁足在博物館中
供人觀賞
沉睡不醒
歷史袖手旁觀
只有找化石考證
化石也灰飛煙滅
成為一段空白

我們在城牆上散步
才幾步已然走過三千年
三千年滄桑
都堆疊在城牆上

歲月深深
都深陷在光陰紋路裡
失落的歷史
都在磚塊上
在土地下
誰來閱讀

崛起啊巨龍
再一次崛起
你的崛起是第幾次了
這回你掀起新造山運動
把龍族從安詳中喚起
閃電般抖抖身子
迎接崛起
又輪到你當地球大哥

天壇，我們也來祭天

皇帝祭天
我們平民百姓更要祭天
到天壇祭天最靈
有求必應

大家都到天壇祭天
人人所求不同

唯我無求
天不說話
我只能獨白
感覺一身輕飄飄
今人很快成古人
我會惦記
今日與天神交會的因緣

面對天神要誠實
打開孤寂的心扉
向天神說什麼
都保密
我們走過神州大地
邂逅了歷史
知道皇帝祭天求什麼
不外國泰民安、風調雨順
平民百姓求什麼
不外身體健康
再就是發點小財吧

我們走馬看花
導遊在介紹天壇的故事
大家有聽沒有到
有一個人在祈禱
像一株草低頭合十
他說了什麼

天知道
奇蹟沒有發生
今夜大家安祥入夢

懷著感恩的心情祭天
我們還能平安健康活著
據聞，地球暖化的關係
老天爺越來越不爽
變臉無常
災難越來越多
我們求天不要降災
天說：此乃人事，並非天意

狗不理包子

面對熱情冒霧
白泡泡、幼嫩嫩的情人
在你眼前
不忍咬她一口
不咬一口，心癢癢

細白的皮膚
是怎樣保養的
白了眼前的朦朧
溫暖的雪白

又有香氣飄出
吸引各方眾生
狗，已改變了態度

忍不住了，吃上一口
就是和情人接吻的感覺
閉上雙眼
含在口中，軟綿綿的她
在你嘴裡
你和她心連心
感受相同的激動
一股香氣
在二者之間散發
你不相信這只是一個包子
包子哪有這等境界

又吃了一個，再一個
四周的人讚嘆
這是誰做的包子
咬一口，又咬一口
與情人接吻
永不覺得少
吃到飄飄欲仙
說了你不相信
吃一口，才覺自己的存在
我吃，故我在

最初，狗不理
現在，狗已後悔
狗和人合作
壯大一個品牌
且穿透時空
將恆與歷史同在
與每一代的人玩
親親遊戲

天津之眼摩天輪

那是天空之眼
天老爺之眼
引領我們仰望
仰望藍天白雲
思索著
你心中的神
用天眼俯視眾生
我和眾人一同仰望
未見我心中之神

那是宇宙之眼
在晚上的時候
黑夜的天空懸著一輪宇宙的眼睛

在夜之海流動
比光速慢
晃動著
漂來一朵雲
宇宙之眼變成雲海中的幻影
一閃一閃亮晶晶
感覺航行到了銀河系

那是航天飛船
不知要航向何處
我喜歡宇宙旅行
就上了這船吧
可以伏在窗口
觀賞每座星系
遠離了藍色星球
是什麼感覺
飛到最高處
藍色星球越來越小
終於成為看不見的沙塵
從夢境回到現實
忽聞有人喊著
到站，下車了

天津之眼是天津人的夢
中國夢的小小縮影
許多觀光客的夢

凡是想織夢圓夢的
就快乘上天津的
航天飛船

尾　聲

帶著感恩的心回家
不是出國
也不回國
只是回家

我們走過神州大地許多地方
不論哪個角落
都是我的國
我們的國土
中國是我們的
我們就是中國
我們對這片廣闊的江山
只有一種心情
愛
友情、親情、愛情
民族之情都有
就是愛
打從骨子裡的基因
就是愛

我們回到家了
家，仍是神州大地一角落
四季有歌聲
是長城謠
讓人醉的歌
以及五千年的故事
一輩子聽不完
就閉上眼睛聽
有如想念一個夢中情人
我們也永遠想念著
此行，北京、天津、廊坊
結下的好因緣

我們都記得
為何而來
為中國之統一而來
為實踐中國夢而來
為感受二十一世紀是中國人的世紀
而來，而去、而生

邢學明、葛建業、王蜀禧、陳淑貞於北京盧溝橋合影

陳淑貞、葛建業、王蜀禧、邢學明於中國人民抗日戰爭紀念館合影

108. 10. 13. 天成大飯店

勞政武博士贈書彭發行人

本書編著者陳福成

第 1 章　歷史上的老北京

有關「北京」這個地方最早的記載，是唐虞時代（約西元前二千三百年），稱「幽州」。到戰國時代，七雄之一的燕國定都於此，稱「薊城」。

到了第十世紀，五代十國時，遼國設副都於北京，當時叫「南京」或「燕京」。到十二世紀時，金國定都於此，叫「中京」，到元朝也將首都設於此，稱「大都」。在十三世紀時，大都是世界第一大都會，馬可波羅用很多篇幅讚揚大都宮殿之豪美。

到了明朝永樂帝，在此大興土木，建造新宮殿，完工後稱「北京」，並遷都於此，正是目前大家所見的規模。東西長七公里，南北寬五公里，城牆高十公尺，厚二十公尺。連接居庸關和八達嶺長城，也是永樂帝所修築。

清朝也建都北京，滿清在佔領北京城時，將漢人強制移往南側的外城，滿人旗兵及家族住城內。到康熙帝時，將明朝的「夏宮」（西郊外的西宛到西山），進一步再擴建，即現今所見規模。

到中華民國建立時，中山先生定都於南京，但袁世凱稱帝拒絕南下，仍以北京為政治中心。直到北伐完成，全國統一，才正式定都南京。一九四九年後，中共定都北京，人民大會堂是後來才建。

　　中共將北京城劃分為九個區外,另設九個縣,形成大北京市,總面積一萬七千八百平方公里(約半個台灣),總人口九百餘萬。(現在不止了,翻了好幾倍)。

　　北京最著名的象徵,就是天安門,中外無所不知。天安門紅黃色的城牆,白色大理石欄干,黃琉璃瓦,這是明朝永樂帝定都北京時,已建有雛形,清代又改建成目前形式,並稱「天安門」。遊覽北京大多從故宮(紫禁城)的人門開始。

　　天安門廣場已擴建成大陸最大的廣場,目前天安門廣場的範圍,從天安門到正陽門南北長八百八十公尺,東西從人民大會堂到博物館寬五百公尺,總面積四十公頃。北側有寬一百八十公尺的開口通往東、西長安街,廣場面端正陽門城樓兩側各有寬二百公尺的開口,通往前門外大街。廣場用白色花崗岩舖成,可容納數十萬人集會。

　　北京亦叫「北平」,亦有淵源。秦漢時稱右北平郡,晉隋改為北平郡,遼稱南京,宋封為燕山府,明初為北平府,永樂時改順天府,清代稱北京,民國後改北平。

天　壇

天壇祭殿前三穹門

天壇祈年殿皇天上帝神位

紫禁城內
萬春亭

故宮正大光明殿

故宮五龍橋——由午門至太和外殿，有御河繞正殿，築五龍橋，雕欄玉砌，精美無比。丹階千層，盤龍無數，旁列金鼎銅獅，氣象非凡。

故宮
五龍橋

香山
琉璃寺

西山
碧雲寺

西山碧雲寺——當西山第一大名勝，凡元明律僧經營海
指年，大殿前杭甘石慈中，顧造五百羅漢，精根惟生一氣
開豆年（1384 A．D．）開金四山金生並置於此，神天得
設衣冠塚，一代其人，陽久歸壽。

頤和園釣魚台

頤和園銅獅

頤和園排雲殿佛香閣

頤和園大門前銅麒麟

頤和園

頤和園在北京郊外，山名萬壽山，湖名昆明湖，為西太后所造離宮。

頤和園清宴舫

北海公園潛瀾堂遠眺——於闊堂為北海瓊華島的精華所在，上有白塔，下有石洞雕刻，繞此穹形長廊，品茗渡岸，各有風趣。

北海橋牌坊

北海承露盤

居　庸　關

蒼茫的喜峯口山色

南　海　瀛　臺

元大都舊址

北京國子監

明太祖陵

中山公園（原社稷壇）

秦叔寶故居

文天祥塑像

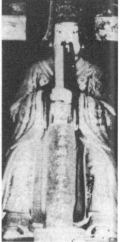

文天祥祠——在舊京學府胡同，有青賢坊大牌樓。此處係明代之柴市，即文丞相授首處。讀聖賢書所爲何言，道立寫正氣歌的忠臣，爲後人所崇仰。

煤山崇禎殉國處
又稱景山，在紫禁城神武門北。崇禎於李闖之亂自剄於景山東麓旁之海棠樹。

右・**燕京大學之校園**——舊京西郊，有二大學府，即在圓明園舊址的清華大學，及海淀的燕京大學，爲美國教會所創辦，其末任校長即司徒雷登博士。

趙州古橋

東陵鳥瞰

北京前門及箭樓

北京城牆角樓

第 2 章　歷史上的老天津

　　天津面臨渤海灣，為北京臨海之玄關，地位甚為重要。天津市街距天津港約五十公里，有海河相連，連接江南和北京的大運河，在此形成了交會。

　　天津現在的位置，是古代由黃河改道前的泥沙沖積平原形成，古黃河曾三次改道在天津附近入海，三千年前在寧河縣附近入海，西漢時在黃驊附近入海，北宋時在天津南郊入海。金朝時黃河改道南移，天津海岸線固定。

　　西漢時期漢武帝在武清設塩官，隋朝大運河開通，使南運河和北運河的交會處「三岔河口」，成為天津最早的發祥地。唐朝時在蘆台開闢塩場，在寶坻設塩倉，唐代中葉後，天津成為南方糧綢等物資北運的水陸碼頭。

　　海河曾是宋遼的「界河」，南北為宋遼分治。宋朝在海河以南設很多軍事據點，如南河、沙渦、獨流等，以防遼軍南侵，金朝在三岔口設軍事重鎮「直沽寨」，當時天后宮附近已形成街道。

　　元代海漕開通，直沽成為漕運樞紐，為此在大直沽專設了接運廳和臨清萬戶府，並修建糧倉，興建天后宮。元延祐三年（一三一六年），直沽設海津鎮，到明永樂二年十二月二十一日（一四〇四年十二月二十三日），下詔賜名「天津」，意即天子渡口，築城設天津衛，清朝改天津州，又升為天津府。

　　一八五八年五月，英法聯運在大沽口炮台側面登陸，清軍反擊，殺傷聯軍近百人。然直隸總督譚廷襄竟棄守逃亡，使南北炮台被聯軍攻佔。清政府被迫與俄英法美四國代表簽訂《天津條約》，一八五九年六月，英法美三國公使到大沽口外，清政府要求從北塘登陸到北京換約，英法拒絕又爆發大沽口之戰，一八六〇年六月再爆發第三次大沽口之戰，大沽口淪陷。天津乃成為英、美、法、德、日、俄、意、奧、比等，西方九國之租界。這是天津會有「萬國建築博覽苑」之始因，其實是「國恥」之證據，現在固然可以發此觀光財，國人也應記住國恥，警惕以後不可再發生。

　　天津市是我國直轄市，二〇〇六年三月，國務院批覆的《天津市總體規劃》，將天津定位為「國際港口城市、北方經濟中心、生態城市」，並將天津濱海新區開發開放，納入國家發展戰略。二〇一五年四月，《京津冀協同發展要綱》，確定天津為「全國先進位造研發基地、北方國際航運核心區、金融創新運營示範區和改革先行示範區」，天津不得了！了不得！必將在全球發光發熱。

　　本資料作為教學研究用。

鼓樓

意式風情街

手畫天津

手畫天津

五大道

天津站

南開大學

天津之眼

天津之塔

回味老天津

第一篇　行程略記

中國全民民主統一會參訪記實

吳信義

參訪記實之一

　　2019 中國全民民主統一會 vs 世界園藝博覽會暨北京、天津、廊坊參訪 8 日遊，自九月十七日~二十四日舉辦，我們一行 26 人於松山機場塔乘中國國際航空搭 CA-188 航班 1845，卻在松山機場延遲整整兩小時，抵達天津國際機場，再轉乘遊覽車抵廊坊已是清晨，大家滿臉疲憊，下榻天都大飯店。

　　在松山機場候機，提前 14：30 抵機場，到搭上飛機 20：30，整整有六小時，所幸讓團員互相認識，聊天愉快。未入境前，林大師錦堂兄貼心購買糕點請大家分享，候機上機前我們在一家牛肉麵店吃晚餐，正因飛機延誤而讓餐廳大排長龍，人人讚美佳餚美食。事後知悉，因大陸慶祝建國七十週年，嚴格的飛行安檢管制，而延誤班機起飛，我們是無妄之災。

　　我身為團長的叮嚀是：大家快樂出門，平安回家，尤其是團員平均年齡七十以上，有三位逾九十高齡，健康狀況良好，但我仍念念此行任重道遠，寫此文時已返台，所幸大家都平安圓滿。

2019.09.26

參訪記實之二

　　第二天行程在廊坊，上午分別拜會市台辦及安次區經濟技術開發區，下午參觀永清現代產業技術園暨霸州市博物館。

　　令團員讚嘆不已的是安次區經濟技術開發區，我們參觀高科技的印刷高效能的資訊，如數據中心內一台機型要價台幣八千多萬，全自動化的電腦數位排版印刷，三天內可以成品出書。我們來此參觀，一小時離開，每人手上已拿到一本掠影留念，印製精美銅版紙張，是全體的同仁的參訪實錄。

　　午宴於百味園，由河北永清經濟開發區管委會劉副主任宴請，每桌一瓶好酒。與會領導同席三位官員都滴酒不沾，原來上級規定，每週一至週五於上下班都不准飲酒，對命令貫徹執行，人人自我要求甚嚴。

　　午後前往霸州博物館，經導覽介紹，此館保存歷代珍貴古文化，如陶瓷器、書畫等。最吸睛的是腳踏車博物館，蒐集全世界各國一百多年來的腳踏車，並擁有世界第一台腳踏車，每天有專人保養維護性能，讓我們大開眼界，增廣見識。大家紛紛拍照留念，我代表全統會致贈兩岸一家親紀念牌，一起與館長合影留念。晚宴於天都大飯店，由廊坊市委統戰部市委、台灣工作部辦公室暨廊坊人民政府台灣事務辦公室領導段副部長邀宴。人人敬酒與主人合影，兩岸交流互動，互贈紀念牌，其樂融融。

2019.09.26

參訪記實之三

北京城正忙著慶祝建國七十週年慶典，由廊坊到北京距離不到六十公里，但途中安檢甚嚴，層層關卡而堵車，車程要逾兩小時，我們經歷此過程，車輛安檢人人遵守而無怨尤，這是台灣講求民主下所不及。

第三天，上午赴北京參觀中國最大藏傳佛教寺院之一，孔廟及國子監博物館。雖有解說員，只好走馬看花巡禮一番。下午在解說員的引導下，大夥參觀北京台灣會館，並於會館前合影，介紹台灣人在清朝時有乘船來大陸參加科舉會考，科考上榜者至今仍留名於台灣會館中。近代史中記載台灣人的文物與大陸割捨不斷的血緣關係，此乃歷史記載之。

晚上由北京市台灣同胞聯誼會王書記及莊副會長等領導，宴請於便宜坊烤鴨集團(註)，三十人座的大圓桌有兩岸的和諧，我陪同王書紀介紹每位團員並敬酒，他們作陪的各級幹部都很年輕，或許我們年長者的感覺，為聯歡交誼，雙方代表獻唱。劉大哥的「友情」唱出兩岸一家親。王書記指定一幹部唱閩南語「愛拼才會贏」餘有未盡，又獻唱一首大陸歌曲，餘音裊裊不絕於耳。餐會在愉悅的氣氛中進行，人人相互敬酒，杯酒交歡下，建立深厚的民族情。餐後相約再見，我代表贈送兩岸一家親紀念牌，王書記禮貌親切，率幹部於門口一一握手送別。

2019.09.27

註：便宜坊始建於公元 1416 年，明朝永樂十四年便宜坊燜爐烤鴨技藝~國家非物質文化遺產。

參訪記實之四

　　第四天參訪重頭戲之一，香山碧雲寺向中國國民黨總理孫中山金剛寶頂獻花致敬。一早由廊坊前往北京香山碧雲寺，車程逾兩小時，駕駛路況靠導航仍沿途問路，抵十號公園下車後，引導員告訴我們仍要徒步上山，團員有多人因年邁不能前往，是遺憾！透過台灣同胞聯誼會協調，我們免費入園，但步行半小時是體力大考驗，最後本團只有一半人抵達。

　　本團名詩人台客，特寫讚揚孫中山詩詞，由 Peter 陶擔任司儀，台客朗讀追思誦文，抑揚頓挫，很有感情，讓圍觀民眾動容，亦加入行禮行列。全程錄製 4 分 38 秒 youtu be 影集分享(註)，追思祭典簡單隆重。香山碧雲寺享譽中外，慕名遊客絡繹不絕，寺廟莊園整理美侖美奐，是旅遊避暑盛地，值得一遊。

　　午餐後大夥逛王府井大街，有一部分人參觀天壇公園(註二)這是世界上最大皇家祭天建築，雖舊地重遊，但遊客人群仍熙攘。我們不忘留影。

　　今晚北京晚餐後返廊坊天都大酒店，同仁有較多時間休息，連日來早出晚歸，對一向早睡早起的人是沒影響，但對睡到自然醒晚起床者，是不習慣又痛苦的，旅遊體力要靠充足的睡眠。

2019.09.27

註一：2019 中國全民民主統一會　吳會長信義及全體代
　　　表同仁，在北京香山中山先生紀念堂致敬
　　　https://youtu.be/K21lE6_VXtk
註二：天壇公園位於北京市崇文區天壇路，在北京正陽門外，
　　　永定門內路東。是明朝、清朝兩代帝王冬至日祭皇天上

帝和正月上辛日行祈谷禮的地方。天壇是明永樂十八年
（1420 年）仿南京形制建天地壇，合祭皇天后土，當時
是在大祀殿行祭典。嘉靖九年（1530 年）嘉靖皇帝聽大
臣言：“古者祀天於圓丘，祀地於方丘。圓丘者，南郊
地上之丘，丘圓而高，以象天也。方丘者，北郊澤中之
丘，丘方而下，以象地也。”於是決定天地分祭，在大
祀殿南建圓丘祭天，在北城安定門外另建方澤壇祭地。
嘉靖十三年（1534 年）圓丘改名天壇，方澤改名地壇。
大祀殿廢棄后，改為祈谷壇。嘉靖十七年（1538 年）祈
谷壇被廢，於十九年在壇上另建大享殿，二十四年建成。
清乾隆十六年（1751 年）改名祈年殿。以後多次修繕、
擴建。1900 年八國聯軍曾在天壇齋宮內設立司令部，在
圓丘上架炮。文物、祭器被席捲而去，建築、樹木慘遭
破壞。1949 年中華人民共和國成立后，政府對天壇的文
物古迹投入大量的資金，進行保護和維修。進行過多次
修繕和大規模綠化，使古老的天壇更加壯麗。現在公園
佔地 200 公頃，四面各有一門。園內有二百年以上的古
柏二千五百多棵。還有百花園種植了大量的花卉。近年
又在百花園北新建了別具有一格的亭廊聯接的庭園，增
添了園景。1961 年，國務院公布天壇為“全國重點文物
保護單位”。1998 年被聯合國教科文組織確認為“世界
文化遺產”。2007 年 5 月 8 日，天壇公園經國家旅遊局
正式批准為國家 5A 級旅遊景區。旅行未動，點評先行。
TripAdvisor360º 全方位為您展現天壇公園風采。讓你玩
的開心，吃的放心，住的省心。

參訪記實之五

　　第五天上午遊萬里長城~天下第一關居庸關(註)，下午是許
多人參訪誘因之一：參觀世界園藝博覽會。本團大部分人先後
來過居庸關，一、二十年前尚有體力上長城，如今七、八十歲，
心有餘力不足，曾經走過，舊地重遊，我們拍了兩張團體照其

一：「中國全民民主統一會」，其二：「台北市長青銀髮族協會」。

居庸關前許多商店，吸引大家購買紀念品，如繡有長城字樣及像絲綢一樣的防曬防風夾克，前者 10 元後者 40 元人民幣，許多人有此習慣，每到國內外觀光景點，買代表當地特色的衣物，不虛來此一遊，此地紀念品，物美價廉，值得一買。

中式料理很適合我們，對吃得淡口味的人，每道菜都太鹹，而難於入口。午餐後前往參觀世界園藝博覽會，導遊收齊大家台胞證，享受六十歲以上老人遊園免費優待。遊客人山人海，排長龍入園，那麼大的園區逛二、三小時也夠累的，更別想欣賞灯光夜景表演，世園會有世界各國設館的展覽，因大排長龍，我們只有留影，到此一遊紀念。大家同意及早趕回廊坊晚餐，適逢周末，因堵車行程近三小時。

2019.09.27

註：早於春秋戰國時期，呂氏春秋就有關居庸的記載，道「天下九塞，居庸其一」。居庸關的建設則始於漢代，當時亦只是作為郡縣間的關口，並未納於長城的建築體制內。到了北魏時代，居庸關才修築成長城的一部分，並建設成長城上其中一座重要的關口。

參訪記實之六

第六天早上，車子先由廊坊駛至北京，暢遊北海公園、什剎海等景區，上午遊北海公園，北海全園占地約 70 公頃，其中水域占據了一半以上的面積。特別從維基百科自由的百科全

書摘錄如附件（註一、二）請參閱。

入園享受免費之老人票，園區太大，導遊小王陪同，約好一個小時後集合地點，分批參觀，因景色美，大家拍照留影。途中看到一位老太太以水筆在地上書法，同行多位友人好奇購買，每支 40 元人民幣，事後再商店問價只賣 25 元，讓老太太賺些錢大家也不在意。園區景點美不勝收，合照留影成為回憶，只能走馬看花，如安排自由行，可悠哉享受每一美景。

午餐是領隊好友關大哥請客，席開四桌，帶來山西汾酒，在朝陽區一家「尚台樓」享受涮羊肉火鍋，各部位涮味，確實是鮮美。餐敘中兩岸合唱中華民族頌，多人高歌，大家都很 Hi，餐後領隊宣布下午回天津吉泰精品酒店休息，晚上自由活動。

下午回酒店小憩，傍晚與大弟到附近散步，發現北寧公園，入園健走一小時差點迷路，晚餐在附近小吃，一斤水餃 50 粒，每人只吃 5 粒，口味太重其因，其二、中午吃的涮羊肉未消化呢？今天是六天來最休閒之旅。

2019.09.28

註一：北海公園位於中華人民共和國北京市城區的中偏北部，故宮和景山的西北側，始建於遼代，是世界上現存建園時間最早的皇家宮苑。北海的布局以瓊華島為主體，在島的頂端建有標誌性建築永安寺白塔，與南岸的團城、北岸的宮苑群遙相呼應，相互借景，構成園林的南北中軸線。

註二：北海先後歷經遼、金、元、明、清五朝的興建，歷史悠久且重建時承襲較多。它始建於遼代，當時位於遼南京城

的東北郊外，附近風景秀麗，於是統治者便疏浚水系，仿照蓬萊仙境建造了瑤嶼行宮。金大定十九年（1179年）起，在瑤嶼行宮的基礎上疊石造山，修建了廣寒殿，同時將湖泊稱為「西華潭」，瑤嶼改名為「瓊華島」，將整座離宮命名為「大寧宮」（後來又改稱「萬寧宮」）。

元代以瓊華島為中心規劃了大都城，在中統三年（1262年）、至元四年（1267年）和至正八年（1348年）三次擴建瓊華島，將山命名為「萬壽山」（或「萬歲山」），湖命名為「太液池」。同時還在太液池的東岸修建了大內皇宮，在西岸建造了隆福宮和興聖宮，構成一座巨大的宮苑——「上苑」。

明代永樂十八年（1420年），明王朝定都北京後，在太液池以東建造了皇宮紫禁城，並向南拓展水系，形成中海、南海，與北海一起合稱「西苑」，劃入皇城的範圍。萬曆七年（1579年），廣寒殿倒塌，此後一直沒有修復，直到清代順治八年（1651年），才應喇嘛所請，在廣寒殿舊址上興建了白塔，並將島南部的宮殿改建為永安寺。清代乾隆六年（1741年）起，北海開始了長達三十年的擴建，除了在瓊華島的四面廣建庭軒樓榭外，還在太液池的北岸和東岸增加了許多建築群，形成今日的格局。

清代末光緒十一年（1885年），慈禧太后私自動用海軍軍費增修過北海。1900年八國聯軍攻占北京時，對北海有過較大的破壞，兩年後進行了重建。

中華民國時期，按《清皇室優待條例》，北海先是成為愛新覺羅溥儀的私家財產，後來1925年愛新覺羅皇室遷離紫禁

城悉後，起闢作公園，但一直沒有對公眾開放。

中華人民共和國成立後，中南海成為了中央人民政府的駐地，北海作為公園開放。1961 年，北海及團城被中華人民共和國國務院公布為第一批全國重點文物保護單位之一。1969 年至1979 年，北海公園以「保護中南海安全」為由關閉，禁止遊人入內。1979 年後北海公園重新對公眾開放。1996 年，北海被列入聯合國教育科學文化組織世界文化遺產後備名錄。

參訪記實之七

第七天起個大早，六點不到與坤德再度前往北寧公園(註一、二)，享受旅遊健走之樂。

上午安排到廣東會館聽相聲，領隊說週一休館，特為我們演出，到會館才發現另有許多團員進場，看來會館所言不實。以大家聽過相聲的經驗，不是很精采，六十分勉強及格。有兩位團員瞌睡連連，被同仁拍了睡相，原來是昨完喝了立祖兄的咖啡，整晚在床上站衛兵此其因，另因聽不懂很濃的方言，我是聽懂但內容乏善可陳，倒是會館一百多年保存原貌是文化遺產。

中午到一家很有特色的星諾嘉自助手工水餃館，品嚐各式口味的海鮮及鮮肉水餃，吃到飽的水餃太鹹，團員無福消受。但價廉物美，每人消費不到台幣 150 元，有魚肉有水果有咖啡等。

午餐後回酒店休息，約好 16：30 集合，由我帶領大家逛北寧公園，特別請王校長傳授三式簡單養生保健功，戶外教學

引起路人參觀。我們一行 16 人參加健行，一小時後只剩七人，園區太大慢走路費時。

值得一提的是，晚餐我們五位享美食，一家香鍋烤魚店，兩人份 138 元人民幣，兩人份兩條清江魚，這是江湖上的魚而命名，沒刺、肉很鮮嫩，吃了讚不絕口。對愛吃魚的人是值回票價。雖然每人要付 60 元人民幣，可惜其他團員未分享，他們相約去按摩。

六天來每天早出晚歸在北京廊坊來回，好不容易這兩天在天津享受休閒，難得也！

2019、09、28

註一：北寧公園，小稱寧園，其前身是光緒三十二年（1906 年）由中國近代知名的實業家、時任直隸工藝總局總辦周學熙所選址修建的大清官立種植園，地址位於當時天津市河北新區**天津總站（今天津北站）以東，後經北寧鐵路局擴建後，取**三國時期蜀國名臣諸葛亮語「非寧靜無以致遠」之意，更名寧園，並樹立紀念碑由時任北寧鐵路局局長高紀毅撰並書以示紀念。2012 年，根據天津市星級公園評定標準，北寧公園被評為五星級公園。

註二：庚子國變后，袁世凱督直，在天津推行新政，規劃籌建天津河北新區。1906 年（光緒三十二年）飭直隸工藝總局總辦周學熙創辦的種植園（初名鑒水軒），地址位於河北新區天津總站東面。最初是使促進天津農業發展的田園遊賞園。直隸農事第一試驗場、農藝研究會和北洋氣象觀測站皆設在園內。1931 年（民國二十年），北寧鐵路局局長高紀毅投資 50 萬元資金對種植園進行規劃和擴建，並將毗鄰的河北第一博物院和天津總站的空地劃入公園，使之總面積由原來的 200 畝擴至 400 畝（合 57.87 公頃），水面約佔三分之一。並於翌年 7 月竣工開園，至此成為華北名

園。北寧公園位於天津北站以北，北門臨中環線育紅路，前身系袁世凱委周學熙選址籌辦的種植園。園中主要景觀有九曲勝景、得月樓、湖心亭、疊翠山、暢觀樓、鴛鴦亭等，並建有禮堂、圖書館、影劇院、遊泳池等設放。公園東北部為小型動物園和水族館。公園北部的"致遠塔"，高70餘米，9層，塔內牆壁鑲有100餘塊石刻，內容包括仰韶文化、三代鐘鼎以及中國近代文化，是遊人遊覽登高的好去處。知曉北寧公園更多文字詳介，實時掌握北寧公園最新資訊，TripAdvisor 必將是您踏上北寧公園前最佳的備旅之地。

參訪記實之八

第八天赴歸～

　　清晨仍把握北寧公園巡禮，園內最美是高一、二丈的垂柳及荷池、蓮花池，住附近的居民得天獨厚享有這麼大的公園。

　　上午舊地重遊意大利風情區(註一、二)，這裡是二次大戰各國領事館，保留歐美風貌建築，意大利風情區的獨到之處，光是看圖片就能感受它的小清新和文藝氣氛，各種精緻文藝店鋪，晚上有咖啡、酒吧店林立，它前身為意大利在境外唯一的租界。歐風建築美侖美奐，大家爭相照像留念。

　　中午再度前往海鮮自助火鍋店，午後一點抵天津機場，托運行李走後，進候機室，却頻頻傳來航班延誤，大夥在登機室足足等候三小時，原因是航空管制，為大陸建國七十週年預演，除了無奈又能如何？

2019.09.28

註一：1902 年 6 月 7 日，天津海關道唐紹儀與新任義大利駐華
公使嘎里納簽訂了《天津意國租界章程合同》，劃定天津
意租界的範圍。位置介於天津奧租界與天津俄租界之間，
南臨海河，北到津山鐵路，與天津法租界和天津日租界隔
河相望，面積 771 畝。1902 年，義大利首任駐天津領事費
洛梯上尉在進行認真勘測和規劃之後，利用海河清淤的廢
土墊平沼澤窪地，修建排水系統，興建義大利風格的花園
住宅並完善相關的服務設施，包括俱樂部、意國花園、菜
市和警察局。1946 年，天津意租界被中華民國政府收回。
1949 年，解放後，名人故居被作為政府辦公或分給國營企
業和普通居民。

註二：2002 年，天津市政府和天津市海河風貌建設發展有限公
司對原天津意租界所在地域進行保護性開發，命名為「天
津新•意街」，又稱「天津意式風情區」。新意街於 2005
年完成修繕並招商引資，2008 年對外接待遊客，現已成為
天津具有特色與吸引力的旅遊景區。目前，天津意式風情
區已經是國家 4A 級旅遊風景區。

參訪記實之九

參訪團花絮~溫馨室友情

本團員經八天的互動交流，大家由陌生而熟識，幾位團員
特別記述：

1、林錦堂中醫師是太極大師，為人慷慨又熱心，室友葛
建業先生因腿行不便，連日來陪同照顧，無微不至，無怨無悔，
博得全團友人嘉許，他經常請團員享美食。

2、團員劉立祖先生印製三十份歌譜，在遊覽車上教唱，帶給大家好心情，分別教唱：我們是朋友、友情、當你老了、數天數四首歌曲，教大家如何唱出感情，獲益良多。

3、Peter 陶，能言善道。唱作俱佳、多才多藝，適時在遊覽車，即興說笑，是本團的康樂開心果。

4、詩人廖振卿(台客)、在車上朗讀他的新書《種詩的人》中的幾首作品，獲得全車掌聲如雷，並獲團員贊助一萬餘元，可見倍受歡迎，他答應寄送團員此本新作。

本團員有父子、母女、夫婦、兄妹、姐妹、兄弟等室友，八天同進出、同話題、相互扶持更不在話下，將編錄留影。經七夜同居室友變成好友，因緣際會大家能同遊是很難得，好友錦璋同學此次未參加，特答應比照廣西參訪遊記，為團員記錄芳名薈萃錄，要感謝他的熱忱與費心。

2019.09.29

參訪記實之十

連日來陸續完成大陸參訪紀實，除了留下文字回憶，尚有千張的照片待整理，所幸有團員自告奮勇答應提供。為了請求參與同仁能共襄盛舉，我率先完稿，希望大家能支持，在短期後能將遊記送到每人手上。

此次帶團，最欣慰是人人平安回來，究竟圓滿。八天行程大陸領隊發哥及王導遊，受到團員或多或少的指責、埋怨，我身為會長亦不例外，一切概括承受，誠如發哥領隊所說：一切的錯都是他的錯，願意承認錯就沒爭執，不是嗎？

　　人有七情六欲，遇到挫折或不如己意，生氣或發牢騷是正常情緒反應，但生氣時說出去的話，事後會後悔，少埋怨、少批評、少指責、不與人爭對錯、不談論他人是非，能謙虛為懷，不出風頭，學做老二哲學，要說有正能量的話，必獲得到別人的喜歡。寫了八篇遊記語有未盡，湊上十篇，十全十美，敬請指正。最後引錄網友傳來〈哈佛大學的最新定義〉共勉之！(附註)

2019.09.29

　　附　註：

1、什麼叫幸福？
　　每天在學習和成長中的感覺就叫幸福。
2、何為智慧？
　　掌握了世界萬物發展的規律就是智慧。
3、人性是什麼？
　　說話讓人喜歡，做事讓人感動，做人讓人想念。
4、每天開口給什麼？
　　給人希望，給人智慧，給人快樂，給人自信，給人方便！

感人的豪情壯志　張　屏

三百萬台灣剛醒同胞微先生何人領導
四十年祖國未竟事業舍我輩其誰分擔

　　這是民國十四年　國父孫中山先生逝世時，北京大學台灣學生會所敬獻的一幅輓聯。

　　我們全統會這次組團參訪北京、天津、廊坊八日，行程緊湊，收穫豐碩，二十六位男女團員，在團（會）長吳信義兄領導下，順利完成參訪目的。團員中人才濟濟，眾多文人墨客，將參訪中所見所聞撰文介紹，分享團友，精彩可期。

　　個人淺見，覺得行程中最具意義的是：專程前往香山碧雲寺向　國父孫中山先生金剛寶頂獻花致敬，和拜會台灣同胞聯誼會（北京台灣會館）；前者因另有專文，不再贅述，茲就台灣同胞聯誼會部分略抒感言。

　　會館建築雄偉，陳列文物琳琅滿目，導覽員解說清晰易懂，諸如鄭成功復台、劉銘傳治台、劉永福保台等諸多事蹟，盡收眼簾；變革的時代給予老台胞不平凡的經歷，他們身上承載了時代、家國、個人的諸多印記，令人印象深刻。

　　當我瞥見前述這幅北大學生會獻給國父的輓聯時，立刻駐足不前，默讀了數遍，「四十年祖國未竟事業舍我輩其誰分擔」的豪情壯志，油然起敬！沉思良久，深感當前世局動盪不安，極待有識之士，群策群力，獻身為國，完成　國父「大同世界」的遺願，國家幸甚！人民幸甚！

北京旅遊參訪日記

林秀珍

　　第一天 9 月 17 日（二）晚上搭 18:45 班機，延遲 20:30 起飛，抵達天津廊坊天都大酒店已 11:30 分鐘，整團都喊累，導遊每人贈送一包泡湯消夜餐，入住雙人房視野很好。夜住旅館：廊坊天都大酒店。

　　第二天 9 月 18 日（三）（廊坊）上午原訂 8:30 分出發，實際出發時間 9:10 分，上午拜會廊坊市台辦，9:40 安次區經濟技術開發區，下午永清現代產業技術園，午宴百樂園老家店，滿漢全席，非常豐盛有領導及企業陳舉總裁五位主陪一起用餐。下午參訪霸州市博物館（世界第一台腳踏車），3:40 離開腳踏車博物館，回飯店車程 1:30 分約 5:到飯店/ 6:30 廊坊台辦宴席晚宴 8:30 結束（夜遊步行街未去）夜住旅館：廊坊天都大酒店。

　　第三天 9 月 19 日（四）（廊坊）7:20 出發（8:05）抵達

　　1.黃導介紹雍和宮、孔廟/中午北京台聯陪伴，中午用餐北京金鼎軒餐廳，建築以中國古典設計，保存古色古香的建築風格，菜色很有古早味料理，控肉、黃魚、雞肉……豐富的午餐，三點離開餐廳，往北京台聯會館。黃殿文好友來看我們，一起參觀北京雍和宮/黃殿文陪伴著解說雍和宮典故/住廊坊天都大酒店。

　　第四天 9 月 20 日（五）（廊坊）上午 7:30 出發 9:42 抵達

海碇市政府/「香山碧雲寺」向中國國民黨總理孫中山獻花。下午 2:30 好友郝洪強博士撥空來接待我們，陪伴遊王府井市街。我們由王府井百貨出發，沿著已現代化的街道，經過著光鮮亮麗國際品牌店，找到許多北京老店，看到了總有意外的驚喜！

王府井大街兩側飯店、百貨、餐廳林立，還有充滿各地風情小吃，一路上，熱鬧的街景讓人應接不暇。隨著時代的變遷，這裡已成了一條熱鬧現代化的購物街，老北京味已不在，順著巷弄間尋尋古意樂趣，介紹這裡是北京少數的步行商業街，逛起來其實是挺方便輕鬆的。

遊胡同後到旁邊北京城最老的斜街--煙袋斜街走走。特別解說煙袋斜街的由來，在清朝時這條街有很多煙袋鋪，因此叫作煙袋斜街。現在沒有了煙袋鋪，反而有很多個人獨特風格的店鋪，文化和民族氣氛十分濃厚。北海公園共進晚餐，晚上從北京回到廊坊已快 11 點真的有點累了。

第五天 9 月 21 日（六）（廊坊）居庸關長城

天下第一雄關，不到長城非好漢。11:20 抵達長城居庸關，因時間關係及考量大多年長者爬這座險峻的居庸關長城比較辛苦，僅短暫停留拍照留念。遙望看長城之美。

下午出發延慶參觀世界園藝博覽會，2019 年 4 月 28 日晚，在北京延慶世界園藝博覽會舉行了盛大的開幕式，北京世園會占地 500 多公頃，是目前為止規模最大的一屆世園會，此行能夠看到世園會的盛況，心理感到特別高興，可惜停留時間很短只好買園遊車票搭車遊園區一圈，只能走馬看花，有排隊參觀國際館也很難得了。

第六天 9 月 22 日（日）北京～天津上午遊北海公園北海

以瓊華島為主體，與南岸的團城、北岸的宮苑群遙相呼應借景，形成一幅美麗的園林圖畫。北海公園給人的感覺，比較具北方園林的特點，特別是其內有不少佛教、道教建築，是一個將濃厚的宗教色彩，與皇家宮室、園林結合而成的帝王宮苑。

下午遊什剎海公園，什剎海風景區位於北京城二環以里的西北區域。元代名為“海子”，是一片寬而長的開放水域。明朝初期水域變小，逐漸演化成西海（積水潭）後海、前海…煙袋斜街是位於中國北京市西城區東北部的一條街。東起地安門外大街，西到小石碑胡同。東西斜形走向。入東口後向西，到與大石碑胡同交叉處向西南折，然後再向西北折，最終與小石碑胡同相交，連接西側的鴉兒胡同。

第七天 9 月 23 日（一）中國第一大戲院（廣東會館）聽相聲。由於歷史上，梅蘭芳、尚小云、孫菊仙、楊小樓一等京劇大師都曾在此登台獻唱。因此，中華人民共和國成立後，天津市人民政府決定在廣東會館舊址籌建天津市戲劇博物館。館內設有《天津戲劇發展史陳列》三個展室，展出中國戲曲簡史陳列，天津戲劇發展史陳列等，以及一些戲曲界人士的專題性展覽。還收藏四千餘件與劇相關的文物。書畫品及演出服裝等。天后宮是北京內城，唯一的一座媽祖廟早在八百多年前的元朝就已經建成。

下午字號商場買伴手禮。個人因 23 日有事提前一天回台北，搭北京首都國際機場搭晚上 5:30。

參觀北京世園會

王世輝

　　北京世園會以「田園市集」為設計理念、倡導綠色生活理念的生活體驗館，用一個個綠色植物「築成的風景園林」，具有時代特徵中國特色、首都特點的精彩盛會，不僅能給民眾帶來賞心悅目的美的感受，更為城市宜居生活提供了良好的生態基礎，向全世界展示中國生態文明建設的成就和建設美麗中國的生動實踐。還將進一步促進全球綠色發展，加強文化交流、增進文明互推進入與自然和諧發展。

　　世園會是園藝藝術的綜合體體現，被稱為百園之園的北京世園會，也是展示各國綠色發展最新成果、共謀全球生態文明建設的重大契機。中國已有三千年的園藝傳承，北京世園會將是一次中國園藝藝術的全新展現。將推動世界園藝走向新境界。將為中國園林史寫下了濃墨重彩的一筆，也將寫下中國綠色發展的重要篇章。

2019.10.3

戚戚　盧溝橋

陳淑貞

　　欣逢"雙十國慶"舉國同歡，全統會北京參訪遊記，出刊截稿前夕，謹以陪同 90 高齡葛建業先生，前往盧溝橋半日遊為題材，敘述盧溝橋景緻暨緬懷七七事變陣亡烈士---等緣由。寫下遊記回憶，共襄盛舉，獻上祝福。

　　本團於 9 月 20 日上午，葛前輩在遊覽車上，拿起麥克風說話，表示有意脫隊，單獨前往盧溝橋，以了畢生夙願。過去曾多次到大陸旅遊，均未安排盧溝橋景點，深感遺憾！此次一定不能再錯過，想圓夢了心願。

　　葛前輩為了觀賞雄偉壯麗的盧溝橋，不朽的"盧溝曉月"石牌，以及雕塑在橋墩上每座不同的獅頭顏面，親眼目睹橋面上馬車輾過的痕跡⋯⋯等，不辭旅途勞累，想隻身單獨前往遊覽，我頗受感動！以他高齡老邁之身，手拿雨傘拐杖，肩背笨重手提包，旅途上無人照顧陪伴，安全堪慮。因此，我自告奮勇願意下午陪同前往，他很感激並欣然接受。

　　中午餐敘時，很幸運的，台聯王國防處長在場作陪，得知此情，即刻電話通知"中國人民抗日戰爭紀念館"領導郭燕華小姐，請她關照並給予協助，我另約二位女團友同行。

　　午餐後，我們一行四人搭計程車出發，談好包車往返，車資 400 元人民幣，不貴很划算，車程約 40 分鐘，抵達時，在郭領導關照下，車行直接駛入資料館前，省卻步行艱辛與節省時間。在館內參觀約 30 分鐘，有專人導覽解說，葛前輩仔細

聆聽，觀賞圖文甚詳，原來葛前輩是歷史專家學者、作家，這段盧溝橋七七事變史實，瞭如指掌，我也獲益良多。

葛前輩的手提包很重，原來裡面裝的都是他的著作，準備隨時贈書用的，真令我感動敬佩。

離開資料館，我們坐車往盧溝橋，領導特派一位年輕帥哥隨同，幫葛老先生拿手提包，扶持拍照，殷勤貼切，不亦樂乎。此情難能可貴，我再度深受感動。

我們先在橋頭“盧溝曉月”石牌前留影，此石牌周圍係由四根石柱支撐，上面雕刻四條蟠龍，中間是乾隆皇帝御筆提詞“盧溝曉月”四個大字，莊嚴醒目，字形絕美，萬古流芳，乃歷史不朽文物。雖風吹雨打，歷盡滄桑，仍風華絕代，保存完美。

盧溝橋係燕京八景之一，我 30 年前曾來此一遊，此次再度重逢，頗感親切。橋身雄偉壯麗，獅頭風華依舊，可惜未見黎明斜月西沉倒影美景。遺憾也！

“盧溝曉月”意境唯美，形容曙光未露，破曉時分的盧溝橋水面，月色映照，黎明斜月西沉之時，明月倒影水中，景色明媚絕倫之景象。此地乃中秋賞月最佳勝地。

盧溝橋面上，昔日馬車輾痕仍舊，橋墩上不同獅頭顏面依然，可惜有些已經褪色剝落，不甚完整。

此時此景，想起民國 26 年 7 月 7 日，日本發動侵略我中華民族戰爭的七七事變，此橋係掀起中日戰爭全面爆發的起點。佇立橋上，遠眺河面，緬懷死傷烈士，心有戚戚焉！

懷著憤慨激昂心情，依依不捨離開盧溝曉月，踏上歸途。回到北京已華燈初上，趕得上和團友共進晚餐，享受美食饗宴。這段盧溝橋半日遊，增添此行精彩插曲，留下難忘的回憶。

此行要感謝的人太多，一切盡謝不言中。謝謝大家！無限感恩！無限懷念！

108.10.10.雙十節

京津旅遊記

廖振卿

今年九月中旬，隨旅遊團前往北京、天津兩地旅遊，前後總共八天，收穫頗豐。以下且略述所見！

我們的飛機是在天津濱海國際機場降落，隨即開往約幾十公里遠的廊坊市旅館下榻。廊坊市位於京津之間，自古就是兩地的走廊交通要道，也是其得名的由來。旅遊第二天，我們參觀了廊坊市的兩個工業區，安次區經濟技術開發區與永清現代產業技術園，見其規模都頗為龐大，效率很高，產品技術也頗為精良。另參觀了霸州市博物館，其內收藏豐富，尤其有一層樓，專門收藏來自全世界的各種奇奇怪怪的腳踏車，令人嘆為觀止！

接下來的三天行程都在北京參觀。我們共參觀了雍和宮、（孔廟）國子監博物館、北海公園、天壇、十剎海等景點。另前往香山碧雲寺向 國父孫中山的的金剛寶塔行禮致敬。也前往萬里長城的居庸關一遊，及參觀正在北京延慶縣舉辦的「世界園藝博覽會」。

由於適逢中共建政 70 年國慶前夕，北京處處顯得緊張萬分，安檢十分嚴格，頗擔誤大家的時間。幸好本團都是老弱婦孺較多，並沒有受到太多為難。但也見證到共產國家，一切以

大局為重，老百姓犧牲點時間及自由又算得了什麼！

　　在北京吃到了有名的烤鴨，鴨肉切得薄薄的，配上蔥、蒜及醬料，入口芳香，果然好吃。另也吃到了北京特色火鍋，各種下鍋的肉類及菜色豐富，令大家頗為滿意。

　　最後兩天在天津參觀。共前往天后宮文化園區、意大利風情區參觀購物，另前往有中國第一大戲樓之稱的「廣東會館」聽看相聲表演。天津最有名的特產是狗不理包子與麻花，此行我們吃到天津水餃卻沒吃到包子，有些遺憾！另麻花的種類很多，有粗條的有細條的，口味更是幾十種，任君選擇。在特產店內，大家都買了一堆，回家送親朋好友或自用兩相宜。

　　短短八天的行程，一會兒就過去了。如今在家中吃著麻花看著電視，彷彿還身在北京天津呢！

2019.10.02

京津旅遊參訪詩 12 首

台 客

1、香山碧雲寺

一步一腳印
我們一路行走一路攀登
終於來到您的面前
北京香山碧雲寺

穿一身中山裝
您高坐於椅子上
我們向您三鞠躬敬禮
見您好似微微點頭致意

2、北京台灣會館

來到這裡
好像回到了家
熟悉的聲音
熟悉的人文風景

當年京城科考
台灣士子渡黑水溝趕來赴會
歷史不會說謊
榜單上清清楚楚記載

3、居庸關

崇山峻嶺之間
你雄偉的屹立
像一位英雄好漢
幾百年來頂天立地

你和紫荊關倒馬關
合稱護京三兄弟
如今終於都解職了
任遊人歡樂的來來往往

4、廊　坊

天津與北京之間
一條黃金走廊
南來北往北往南來
自古舟車來往絡繹不絕

如今鐵路公路四通八達
經濟開發紅紅火火
它已不再是黃金走廊

它是黃金重鎮

5、景　山

你是一座山
你不是一座山
當年人們挖掘北海
用泥土堆起了你

你上面那一棵槐樹呀
真正的悲哀
一位末代皇帝吊死其上
從此你也揹上罵名

6、相聲

身穿一襲長袍馬掛
手上拿著一個竹板
舞台上兩人一唱一合
插科打諢逗人哈哈一笑

古老中國的絕活
一代一代授徒傳承
不敵時代飛速的腳步
如今逐漸走上式微

7、蘆溝橋

一條古色古香的多拱橋

一條馳名中外的獅子橋
第二次中日戰爭爆發的起點
從此中國軍民全面奮起抗戰

永定河的河水
依然日夜潺潺的流著
橋上數百隻石獅說
牠們見證當年的腥風血雨

8、雍和宮

雍正帝即位前的寓所
好豪華的園林宮殿建築
卻曾步步驚心
上演太多的宮鬥劇碼

隨著歲月流水的淘洗
如今它已恢復平靜
每日中外遊客絡繹不絕
腳步不斷踩響古柏記憶

9、天壇

皇帝曾經在此祭天
想想那時排場多大
滿朝文武百官齊聚
威儀顯赫鐘鼓齊鳴

如今事過境遷
淪為百姓休閒下棋場所
天壇雖仍巍巍矗立
是否感到落寞喪氣？

10、世園博會

那麼多的花那麼多的草
全部聚集在這裡
爭奇鬥艷，叫醒
人們各種美的記憶

那麼多的人擠在館門口
想要一睹芳容何其不易
只能走馬觀花拍拍照
也算到此一遊

11、北海公園

你名叫北海
但你其實並不是海
只是一個湖
一個人工挖掘的大湖

好寬廣的湖面啊
有遊船悠閒的來往

湖四周遊客如織
享受著熏風微微的吹拂

12、烤　鴨

到處都有烤鴨
為何獨獨北京烤鴨最有名
來北京不吃烤鴨
猶如至天津沒吃狗不理

香酥脆啊一盤盤
薄薄的肉片配上蔥蒜醬料
滿滿的幸福感
入口即化吃了回味無窮

2019.10.1

神州京津八日遊

蜀　禧

9月17日

北京，上海一直是我很嚮往的一遊之地，經淑貞力邀與邢姐共遊。

下午 5 點多的飛機，延遲 3 個多小時，到天津已經是 11 點多了，又走了好遠才搭上車，每個人發了碗方便麵。今晚夜宿"天都酒店"到達已經是凌晨 2 點多了，匆匆就寢……一個"累"字了得……

9月18日

早上，6 點起床，7 點用餐，7：45 集合開車。

第一站參訪美印信息科技公司，在我們參訪與導覽講解的過程中，我們自己照相，他們也為我們在照相……在我們參訪結束時，他們的這項科技著實令我們大開眼界！

幾分鐘就將剛才參訪的照片已經裝印成精美畫冊，送我們人手一冊做為紀念。

中午，我們在"五味園老家店"用餐。

下午第一站去參訪"霸州市博物館"（世界第一台腳踏車）：內容非常豐富，展示腳踏車各階段性的演進，及各式特

殊性的腳踏車，裡面燈光，擺設很美……當然，照了好多漂亮的照片囉！

　　第二站參訪 "華夏民間收藏館" 外觀建築十分宏偉壯觀，內部私人收藏藝術品也很豐富。

　　在入館處就有 "軍人依法優先" 的立牌，顯示對軍人的尊崇。 晚上國台辦在 "天香閣" 設宴，席間信義會長贈送獎牌做紀念，淑貞理事長送兩瓶 58 度金門高粱。佳餚美酒，杯觥交錯，賓主盡歡！

9 月 19 日

　　早上第一站參訪北京 "雍和宮"，雍和宮為中國最大藏傳佛教寺院之一。

　　果不其然，寺廟莊嚴肅穆，建築宏偉！雖非假日，卻是香客，遊客絡繹不絕……香煙嬝繞……

　　第二站我們參訪北京孔廟~國子監博物館裡面巨樹參天，還有難得一見的巨大樹瘤……

　　中午，我們在 "金鼎軒" 用餐。

　　下午，我們驅車拜訪台灣同胞聯誼會 "北京台灣會館" 由王書記親自接待，晚上在 "便宜坊" 設宴款待大夥兒，佳餚美酒，高歌歡唱，其樂融融，好不暢快！

9 月 20 日

　　早上去香山公園碧雲寺，向中國國民黨總理孫中山金剛寶頂獻花致敬。

　　吳會長主祭，台客特寫祭文並宣讀之，莊嚴肅穆，並將影音上傳 youtube 供大家觀賞。

　　我是少數自知腳力不夠強壯，看到上百階的山梯就已腳軟……就在山下以誠摯恭敬的心遙祭……

　　中午我們在"老根山莊"享用東北菜！

　　下午淑貞理事長，邢姐，我們三人陪葛建業大哥去盧溝橋了願。

　　我們參觀了"台灣同胞抗日史實展"，大陸把我們如何抗日，以及台灣同胞抗日的史實文件保存得非常完整。 台灣同胞真該看看當年日本人是如何荼毒殺害中國人及當時的台灣人！想到現在民進黨在課綱將這些都刪除，以日本人白居，認賊作父！心中激盪不已！

　　晚上，我們在"老滸記"享用烤鴨，吃北京菜。

9月21日

　　今天早上的行程是遊萬里長城"居庸關"。

　　一大早趕著出門，都在車上的時間太長……鑒於時間太短，只有照照"天下第一關"的照片，團員們都買了萬里長城的帽子紀念……唉！只有一個腦袋，帽子太多了，來不及戴啦！就多看兩眼，欣賞欣賞得了！

　　中午，在金殿用餐。

　　下午是重頭戲~參觀"世界園藝博覽會"尤其是晚上的燈光夜景為主。 我們是以參訪這個世界園藝博覽會而組團。

　　結果，車程近兩小時 ，要排隊入園……，人，真的很多！

好不容易進到園區，想去中國館，排隊人潮，黑壓壓一片……洗手間也是排隊排到天荒地老……4 點多集合上車，夜間燈光秀咧……？主題就這麼虛晃一招過了？！就為了趕得上到"堂二里飯店"用餐！

9 月 22 日

今天早上我們遊北海公園，豔陽高照，花兒盛開，迷人的垂柳，荷池，湖面如鏡……只可惜荷花花期已過，只剩殘葉隨風搖曳……伊人美景盡收入鏡，可惜只有一小時的時間瀏覽。

中午在朝陽區"尚台樓"用餐，是領隊的好友關先生請客，招待大家喝汾酒，享用涮羊肉火鍋，道地，味鮮美！席間，相談甚歡，酒酣耳熱之際，齊聲高歌"中華民族頌"，賓主盡歡，嗨到最高點！

下午，入住天津吉泰精品酒店休息，真的是家很兩光的陽春酒店！

晚上發 50 元人民幣，晚餐自理，自由活動。晚上本想要減肥，吳會長帶了現包的手工水餃給我們吃~破功啦！

我們請導遊小王幫我們找盲人到房間按摩，收費 180 元人民幣，結束時，我們都付 200 元給他們，相約明天到他們的按摩院去做。今晚睡個舒服放輕鬆的好覺，明天不趕路……

9 月 23 日

今天的行程，上午到廣東會館聽相聲，今天他們原本是休館，特別為我們表演一場，當我們按時趕到時，發現，其實也有別的團體共賞……

這裡相聲跟台灣比起來，可就差太多了！但是他們的會館原貌，倒是維護得相當不錯。

中午到一家"星諾嘉"自助手工水餃館用餐，每人 33 人民幣吃到飽，有各式海鮮、鮮肉口味的水餃、還有自助吧、有菜、水果、咖啡……等，堪稱物美價廉。

餐後回酒店休息，相約 4：30 集合，由吳會長領隊，去逛附近的"北寧公園"。

我們到公園裡，特別請王校長傳授大家簡單的三式養生保健的功法，並帶著我們一起練習。卻也引起很多路人的圍觀，甚至加入我們一起練功呢！

我們一行 16 人，隨著會長在公園裡也邊走，邊拍照，走著，走著……人都不見了！只剩下淑貞理事長，邢姐，我們三個人。

這個公園裡亭臺樓閣，垂柳斜陽，拱橋殘荷……美不勝收！公園非常大，景美人俏，手機按個不停……急欲捕捉瞬間的永恆……

見夜幕低垂，驚覺已不識來時路，經人指點，才得回到酒店，遇見歐陽學長回來，帶了包子請我們吃，整理了一下，我們搭乘兩部計程車到昨天按摩的盲人按摩院去做全身按摩，90元/1 人，結束，我們都付 100 元給他們，也是很特別的體驗。

9 月 24 日

今天早上遊"意大利風情區"，因為這裡是二次世界大戰時各國領事館的所在，也保留了歐美風貌的建築，有許多保有

各種精緻的文藝店，當然，晚上咖啡，酒店林立，應該會是非常熱鬧吧~我們也捕捉了好多美麗的畫面……

中午，我們又再度光臨了"星諾嘉"自助水餃館用餐，用完餐，一點抵達天津機場。

當我們把行李托運完後，就到候機室等待著登機，結果……等啊等……班機延誤，又等了 3 個小時，回到家已經10：45 了。 窩雖小……可也是自己的小窩。

八天的旅遊終於結束了，感謝領隊吳會長的辛勞，大家都能平安順利安全的回來，非常感謝！可喜可賀！很開心也交到了好朋友！照了好多好多美美的照片留念！ 非常珍惜這美好的回憶……。

最後，祝福大家，身體健康！平安幸福快樂！

北京參訪眞的很開心

邱麗霞

當我們優秀的同學信義就任全統會會長時，我就是全統會的會員啦，除了重要的大型會務時，我會出席外，其他的活動因生活、工作的關係，很少參加！

承蒙吳會長的抬愛，在 108 年發給我了一張全統會顧問的聘書，因此在今年的參訪旅遊活動，訊息一出來《聽會長自己說》我是第一個報名參加的，為了不辜負那張聘書！

這次能參加全統會舉辦的天津、北京參訪旅遊活動，真的很開心，認識了許多新的朋友，真的是獲益良多呢！

走訪了廊坊，有京津走廊、黃金地帶之稱喔……！

拜會廊坊市台辦、安次區經濟技術開發區、永清現代產業技術園，霸州市博物館腳踏車博物館，台灣同胞聯誼會，北京台灣會館，雍和宮中國最大藏傳佛教寺院之一，國子監博物館（孔廟），拜會台灣同胞聯誼會，赴香山碧雲寺，向中國國民黨總理孫中山金剛寶鼎獻花致敬！參觀天壇公園而，世界上最大的皇家祭天建築，去王府井大街，遊居庸關萬里長城，到延慶參觀世界園藝博覽會，遊景山北海公園，到天后宮文化園區，到中國第一大戲樓《廣東會館》聽相聲，萬國建築博覽苑，礦老字號商場……，行程緊湊而豐富，明顯感受到並看到了大陸各項的進步、驚人的發展，無論是硬體和軟體都是我們望塵莫及的喔！對照時下的我們真是感慨萬千啊。

京津參訪八日有感

歐陽布

北京我去過三趟，那是三十年前的事，這次去算是第四次。

天津沒去過，只聽說那是狗不理包子的原產地，直到如今也沒有吃過。

七月中旬聽說本會要組團去北京，心中有說不出的喜悅。原因有二：其一，是離別甚久的北京城有機會再次造訪。其二，是久別的北京親友能再次見面。

當得知此訊息時，高興得幾乎無法入睡，腦海中轉來轉去，都是想著如何安排此趟之行程。從行李的攜帶到如何安排親友的會面等等，無時無刻都在腦海中盤旋。這種情景就像孩童時期出遊的心情，也就是所謂的童心未泯吧！

說明會當日看到行程表中訂有在北京三天的住宿，是我心中所期望的，也是我腦海中所想的，這不就是所謂的心想事成嗎？回到家中便開始整理行裝及購買禮物，等待出發。

但事與願違，出發當日才知道行程有大的改變，領隊地陪告知，原訂北京的住宿取消，全部要移至廊坊天都大酒店。乍聽之下，頭都暈了，怎麼辦呢？難道與北京親友見面無望了嗎？從臺灣帶去的禮物怎麼辦呢？當腦子轉不過彎的時候，心中想的那只有怨恨二字，為何如此安排不預先告知呢？這不僅是我個人有這種想法，我想其他隊友也是如此吧！所幸，想盡

了辦法，最後還是把禮物順利交到親友手中，也短暫的與親友見了一面。

　　總之，我認為如此安排有欠妥當。責任歸誰呢？

　　這次參訪令人遺憾之事如下：

　　第一：就是我前面所說的，住宿酒店變換沒預先告知，使得隊友們措手不及。

　　第二：此次出遊大部份年齡都在七十歲以上，行動都不是很利索，更何況還有九十多歲的長者啊！這主要原因還是因為突然變換酒店之故。每天都為了趕行程，六點鐘就要 morning call，七點吃早餐，七點半開車，食物尚未消化，連排泄都還未解決就要趕路，你想想這哪是旅遊啊？簡直是找罪受。老人受得了嗎？上了年紀的人，凡事都不能急，一急就會出問題的。你看看這不是把老年人的生活習慣都打亂了嗎？

　　第三：旅遊的景點安排得不理想，當然最主要的還是和變換酒店有關，亂了套，在時間上無法控制。為了要趕路程、趕時間，故有很多的景點均無法成行或深入參觀，真是太多的時間都浪費在路上了。這不也是浪費了這群老人們的大好時光嗎？

　　總結以上，我認為，這次的參訪安排不令人滿意，地陪、導遊經驗不足，好似在應付。但唯一值得回憶的，就是這次的出訪認識了許多新朋友，期待有機會再次能與他們再相聚。

脫隊感言

黃錦璋

　　106 年隨信義兄赴陸廣西之旅。會長習慣作法：要求各團員返台後，各寫一篇參訪感言，個人覺得很有意義。在同一個活動行程下，每個人所處的心境與角度，各有不同，所表達出來的內涵亦異，而匯集起來，編輯成冊，其可讀性就很高了。

　　去年信義兄就曾預定，今年十月間將組團赴京津參訪，我本已應允參加，無奈今年二月下旬，被選上宜蘭縣榮光協會理事長，除了每天必須以一個上午時間，用在協會辦公室議事外，每逢大小活動，都必須帶頭參加，今年九月廿五至廿七日，宜蘭縣政府舉辦 108 年度社區照顧關懷據點縣外參訪活動，指定理事長必須參加，以便見賢思齊，向受訪單位，無論在做法與優點都能給我們做「他山之石」。

　　由於上述緣故，今年便無法照原先的計劃隨全統會赴陸參訪。

　　本團返台後，在群組上 PO 了許多照片，個人看了後內心無限感慨：既內疚未能陪同各位好友增加見聞；又愧對各位好友昔日的關懷與照顧，爾今卻躲在斗室無法回饋給大家！

　　在這些照片上，有些好友是廣西之旅的同行者，如建業兄、台客、歐陽公、張屏公父子、吳淑媛醫師、和世輝兄伉儷……

等。

　　弟除了在此向各位請安外，同時也要向主禱告："求主賜福本次出訪的每一個人，平安歸來，福杯滿溢"奉主耶穌的盛名，阿門。

團員芳名薈萃錄

姓氏祖宗傳　芳名長上取
各有因緣立　爾莞互恭維

張　屏：屏公生若鋆　之子三生緣
張若鋆：若有木來世　鋆造有機緣
吳淑媛：淑德復淑慎　嬋媛美人歸
金　鈴：金秋世人尊　玲瓏贈佳人
王世輝：世故唯道德　輝赫照寰宇
吳坤德：坤乃地之母　德高萬眾欽
王安邦：安寧安逸居　邦彥邦畿輔
吳珠延：珠合璧聯幛　延釐延壽頌
陳秀梅：秀才憑苦讀　梅花寒冬開
陳淑貞：淑女圈中求　貞潔在我心
陳美枝：美中有女史　枝繁并葉茂
王蜀禧：蜀中有龍岡　同儕賀延禧
邢學明：學而排第一　明倫殿論語
歐陽布：歐羅巴姓氏　陽字首分布
謝隘全：隘害保疆土　全軍唱凱歌

廖振卿：振興文武德　　卿雲啟祥瑞
黃進發：進步再進步　　發展自開發
葛建業：建功又建樹　　業績展鴻圖
林錦堂：錦心潭第鼇　　堂上福體綏
林秀珍：秀外慧中求　　珍奇在精徵
陶增山：增益所不能　　山高水更長
周佳儀：佳偶天作媒　　儀容賽西施
邱麗霞：麗質天所生　　霞片瓷面釉
邱蓮霞：蓮出泥不染　　霞蔚出陽光
劉立祖：立德傳後世　　祖業亙古存
劉小英：小過舉賢才　　英豪現當前
吳信義：信服賞罰明　　義理無反顧

旅遊小記

陳秀梅

第一天由松山機場飛往天津，進住在廊坊天都大酒店，一連住五個夜晚，免搬行李之苦，兩夜晚住天津吉泰精品酒店。

全部行程由於氣候已進入秋季，氣候非常涼爽，雖然陽光普照，仍然舒適怡人，是旅遊的好季節。

以下我僅記部份簡單介紹幾個行程。

（一）雍和宮

進入雍和宮需買門票。清朝時代王爺成為了皇帝，原本居住的王府是不能住人的，因為王府為「龍潛禁地」，就是皇帝藏龍的意思。所以四爺，也就是後來的雍正皇帝，他的雍和行宮改為喇嘛寺院，雍正皇帝在位的時候喇嘛寺院就開始啟用了。

雍和宮有香爐。雖然共產黨不信神不信鬼，中國在近年開放改革下，拿香拜拜及傳統文化回歸，拿香拜拜我非常訝異！

（二）北海公園

北海公園位於北京市的中心，是我國現存最悠久、保存最完整的皇家園林之一，距今已有近千年的歷史。

始建於遼代，是世界上現存建園時間最早的皇家宮苑了。其為紫禁城西面的御苑，統稱西苑，接著向南開拓水面，形成北海、南海及及中海，成為為皇城內最重要的皇家「園林」。

北海以瓊華島為主體，與南岸的團城、北岸的宮苑群遙相呼應借景，形成一幅美麗的園林圖畫。特別是加上柳樹與湖相映，那真是美呆了呀！

（三）王府井大街

王府井大街是北京少數的步行商業街，逛起來其實是超方便輕鬆的。王府井大街始建於元代，明代因在此共建有十幾座王府而改名為「王府大街，清代時因街上有一口井因此稱為「王府井大街」，其為具有百年歷史的著名商業區，由南向北全長大約 810 公尺，聚集著 700 多家大大小小的商店，這裡其實便有著許多百年老店家。

沿著已現代化的街道，經過著光鮮亮麗國際品牌店，我們還是能在這些商店間，找到許多北京老店。如同仁堂老藥百年名店等，看到了總有意外的驚喜！北京市百貨大樓，曾是王府井大街上最高的商場，樓內就如我們一般的百貨公司一樣，其前面有廣場，讓人休憩閒聊等人；也許幾近慶祝中共七十周年十一國慶，隨處可見保安武警人員與外地支援部隊。共產國家是以國家安全高過一切，進入北京安檢又再安檢來確認其安全與否。

聽說「東安市場」成立於清朝末年，是王府井大街最早的商場，內有各種老北京的民間手工藝品等充滿古都風味的特色老店家！可惜我們時間不足未進場參觀，待下回自助遊再來看

看吧！

（四）北京美食

　　在北京最後一天觀光行程中午，借由黃進發領隊商界友人請全團吃北京正宗涮涮鍋。炭銅爐的火鍋、切得非常薄片的牛羊猪肉加上純芝麻蔥醬料，小菜豐富，還有芝麻燒餅小小的，很紮實，好好吃至今憶起還流口水，真難忘懷，有北京冬天圍爐的味兒。大家吃得好興奮好快樂，酒後飽足，兩岸一家親，大唱起歌來。如果我們兩岸領袖，都能像此時此刻和睦相處融洽，就像一家人般待之，那該多好呢！期盼有生之年，兩岸（分久必合）的道理，在民主的前提下中國全民民主統一，達到我們協會創立本會起初的宗旨。

邁向盛世最後一哩路

陶增山

經歷八天的參訪團比任何一次旅遊的感受深刻！我看到了姊妹情深！兄友弟恭！父子、母女相處融洽！展現了傳統孝道！也有很多單身的長者表現超人毅力，走完了全程！更難得看到有 93 歲高齡的前治安單位的首長，還有警專學校的校長！步伐挺直！說話清晰有力！我如果能到那個年紀！恐怕早就阮囊羞澀！

令人深刻難忘的台客！還有人說：今天脫隊到天津看朋友，但晚上還是要回到牢房！警覺之下才知道他說的牢房是指廊坊！……

我在學生時代和教官，以及軍中受訓期間，和輔導長有很好的因緣！這次在尊敬的吳會長領導下，大約有 3 位大學的教官們！個個態度謙和穩健！的確是學生們值得尊敬的長官！拜讀過吳會長小品文章，令人覺得非常的親切、生動！勝過雅舍小品！

我從事翻譯工作接觸到學者，包括諾貝爾獎的得主提到：宇宙的九度空間！吳會長也同時補充星雲大師提到這方面的見解，吳會長為人謙和、博學多聞，令我印象深刻！我的中文程度不好！在此著墨，簡直是班門弄斧！

有感大陸的交通狀況，還是令人不敢恭維！電瓶車逆向行

駛！看到紅燈視若無睹！險象環生！汽車駕駛比以前進步，對人行穿越道禮讓，改善了很多！以前有句俗話大陸人不按喇叭，不會開車！這次也改善了不少！總言之，在首都北京看到的人文方面，有所進步！

我們這次旅遊的天氣理想！10 月 1 日新中國 70 週年紀念天安門廣場的天候陰霾！我深信邁向盛世中國的最後一哩路！一定在我們中國全民民主統一會的努力中完成！

同遊參訪有感

坤　德

退休後才有較長的時間出國旅遊，近半年與大哥先後到日本北海道、又搭公主號郵輪到香港，此次參加 2019 中國全民民主統一會世界園藝博覽會暨北京、天津、廊坊參訪 8 日遊，出國同遊的好處：美食佳餚，享受玩樂，無憂無慮，忘掉煩惱，壞處是生活起居，晚睡早起，搭車趕路，沒有個人時間，無法充份休息，想大家有此感想吧！

兄弟一起旅遊有機會相處聊談，同室作息生活，沒有拘束，自由自在，聊退休生活，理念相同：七十多歲的年紀，必須要有健康的身心，能吃喝玩樂，才能享受樂活人生。

此次參訪，大哥賦予我任務是「照相」團體照、個人照呈現，如有團照沒有我入境，那是我所拍。

很羨慕同遊的一些年長者，八、九十歲耳聰目明，是我們學習榜樣，八天七夜的同遊，認識許多朋友，是此次最大收穫。

京津行小記

謝隘全

　　期待好久的京津之遊，終於開始了。那天懷著興奮與喜悅的心情從林口家中出發，與歐陽布大哥叫了計程車直奔松山機場，在候機室見到了很多舊識夥伴們，真是高興。雖然班機延誤一個多小時，但大家在候機室內天南地北的聊著天，不覺中已到登機的時刻！終於邁出國門飛向高空，開始了前後八日的旅遊行程。

　　在天津與北京的幾天行程中，令我印象最深刻的是參觀雍和宮。宮內佔地廣闊，建築壯觀宏偉。導遊說此宮是雍正皇帝住過的地方，後來又改為藏傳佛教寺院。另外，去香山碧雲寺拜會　國父的衣冠塚，也感覺十分有意義。尤其台客兄代表朗誦頌文，聲音宏亮，咬字清晰，充滿感情，聽得令人感動萬分。再到居庸關見到氣勢雄偉壯觀的長城，就建在崇山峻嶺間，真不知古人是如何完成的！大家並在此地留影合照，算是到此一遊。

　　此次旅程，原本有三日要住在北京，但後來改成都住在廊坊市，導致每天舟車勞頓，很多美景因時間太趕，無法停留太久，是最大遺憾！

　　我們訪問北京期間，曾拜會北京台灣會館，受到十分隆重

的接待。除開座談會外，並以盛宴款待我們，大家吃得酒足飯飽。兩岸本是同宗同族兄弟，大家見了面非常親切，那種血濃於水的情誼，哪有分彼此？然而因為民×黨政府的意識形態，造成如今兩岸處處對立，台灣經濟蕭條民不聊生，真是可悲啊！

　　八天快樂的日子似乎過得特別快，轉眼已到尾聲。真有點依依不捨，期待下次有緣大家再相聚！

感想與感謝

黃進發

　　最近一二十年來，由於經常往返兩岸工作，對中國大陸的各項民生措施、政經制度與人民思想等，有更進一步的了解！在不斷接觸中，同時也認識了很多大陸各地政府官員。基於兩岸交流的目的，遂有時也當起了兩岸仲介大使的角色。如帶台灣團訪問大陸，拜會各地台辦單位等；或在台（我是高雄人）接待大陸訪台官員並安排各項活動。此次，全統會組團來京、津參訪，由我負責安排各項食宿及拜會活動，感到十分榮幸！

　　住宿方面，原本安排兩晚住廊坊市的酒店，三晚住北京市的酒店，最後兩晚住天津。但因適逢中共建政七十年國慶前夕，北京的酒店很「緊張」，臨時告知無法履約，遂不得不改為前五晚皆住於廊坊！如此也造成大家每天往返北京的勞累車程，很對不起大家。幸好經我及時說明，取得大家的諒解！

　　有關拜會行程，此次共安排三場，分別為第二天上午拜會廊坊市台辦單位，第三天下午拜會北京市台灣同胞聯誼會（北京台灣會館），第四天上午至北京香山碧雲寺向國父孫中山先生致敬。三場拜會因事前聯絡得宜，皆獲得相關單位隆重接待，使我至感安慰！尤其是第三天拜會北京台灣會館，參訪後舉辦座談，台聯黨組書記王蘭棟率六位相關官員出席，與此次

參訪全體會員充分交流資訊，場面熱烈，令人感動。事後，大陸的各媒體也都有相關新聞報導。

座談會完畢後，接待單位也以盛情安排午宴或晚宴。席開數桌，大家盡情交流，相互敬酒，共同歡歌。場面極為熱烈，充分體現兩岸一家親的和睦。使我想起這些年來，我在兩岸之間積極奔走，為兩岸人民交流付出的努力與心血。雖然有時也受到一些挫折、委屈，但那些與兩岸人民能夠歡笑和睦來往情景相比，真是微不足道。您說是嗎！

在八天的旅程中，有幾位團員想順便探訪北京的親戚，我都積極聯絡，完成他們的心願。有一位年已九十的葛老先生，他是抗戰老兵，趁著此次來訪，想去蘆溝橋再走一趟，完成一生的心願。我也積極安排，請三位美女陪他一起前往，完成不

可能的任務！

　　在此，我要特別感謝三位此行的團員，他們是林錦堂兄與王世輝、林秀珍夫婦。林兄與同房年逾九十的葛建業老先生原本不相識，但因同房的關係，就一路陪伴照顧他。每到一個景點，大家開開心心四處參觀。葛兄因腿疾走路不方便，只能在附近走走、休息。林兄也不嫌累贅，總是陪在他身旁，直到最後一天搭機返台達成任務！此種犧牲自我的精神，真令我敬佩！

　　王世輝、林秀珍兩夫婦，在團員陳美枝不慎遺失護照後，利用其數十年的政商關係，積極打電話到兩岸相關單位洽詢補救辦法。並以實際行動陪著美枝姐到大陸公安單位辦理掛失證明，到天津機場補辦繁複的登機手續等。其間甚至犧牲旅遊與用膳時間，真令我感激、感動啊！

　　當然，在八天的旅程中，也有一些讓大家不盡滿意之處。諸如因每天車程太長，導致參觀景點時間變得太少；點名不確實，導致在世博會參觀完後集合時，不小心放了兩位團員的鴿子等等！總之，千錯萬錯都是發哥的錯。希望大家以後還有機會，讓發哥繼續為大家服務，相信「明天會更好」！

2019 年 9 月 29 日

京津八日遊省思

林錦堂

此次京津八日遊，首先要感謝吳大姊、吳醫師引薦我參加這次的參訪團，也因此而認識了吳會長及幾位新朋友，特別有意義。也非常榮幸，這八天玩得很愉快，而且又豐富了我人生當中一小段的經歷，彌足珍貴。

我在 30 年前，政府剛開放兩岸交流的時候到過北京中醫藥大學參訪與交流。當時時我還在台灣的國立中醫藥研究所進修，所以由教授帶領學員前往北京中醫藥大學參訪與交流。我是台灣出生的，沒有到過大陸，當年第一次到北京的印象是生疏、落後、不方便，不論大街小巷，觸目所及都是腳踏車。上班時間，鐵馬奔騰如鯽魚過江，黑頭車（四輪自用汽車）屈指可數、寥寥無幾，環境衛生也差。

物換星移，時光荏苒如白駒之過隙。如今舊地重遊，社會情景已是脫胎換骨。高樓大廈林立如雨後春筍，環境衛生、人文素質都已明顯改善提昇。今非昔比，進步神速，令人刮目相看。整個國家、社會各方面的繁榮進步，富強康莊，遠超過臺灣也超越了西方先進國家。

兩岸都是一家人，在臺灣的人民除少數的原住民外，其他閩南、客家都是由大陸福建、廣東早期遷徙到台灣定居的。後

期於公元一九四九年由大陸各省份的平民、軍人隨政府到台灣，也已落地生根繁衍後代投入了各行各業建設台灣。所以說兩岸是一家人，我們的祖先都是中國人，同文同種，身上流的血都是祖先的血，無庸置疑，也是不爭的事實。在台灣的居民，不論是閩南人、客家人還是後期來自大陸各地的軍民，都是中國人，只是差在先來後到而已。

血濃於水，兩岸一家親我們都是中國人。一九四九年（70年）前由於歷史不幸的因素，造成分隔兩岸。這是歷史的悲劇，兩岸一定要和平統一。兩岸的中國人，尤其是兩岸的領導人，要相忍為國、捐棄陳見，兩岸攜手心連心，共謀國家統一而盡力努力，為中華民族的復興、強大，社會繁榮進步而奉獻心力。這是兩岸的中國人共同的使命，不可推卸的責任，奮力打造國家萬年根基，開創萬世太平。

牆裡牆外

劉立祖

　　二〇一九年九月十七日下午三點二十分在松山機場大廳，遠遠望見一群白髮蒼蒼臉帶笑容，有說有笑快樂融融，走近一看，原來是吳信義會長，要帶這群共有二千多歲要到廊坊天津、北京旅遊八日，這時我的內心向主耶穌求保佑我們這一群平安快樂與我們同在。

　　說也奇怪路上人多車多會塞車會誤點，藍天白雲天空中飛機也會誤點，一誤就是二個多小時，到達飯店已是午夜十二點多。到了客房等狗不理包子，左等右等是個空。第二天牆裡進不去只有在牆外與藍天白雲共度時光。第四天到香山碧雲寺，走在健康步道，一步一步的走到中國國民黨總理孫中山金剛寶頂獻花致敬。最讓我感動的是主持人陶兄介紹鏗鏘有力！台客的紀念文用台灣口音朗讀，讓我感覺另有韻味！主持人宣告向孫中山先生行三鞠躬禮，全場各方人士都自動脫帽鞠躬、再鞠躬、三鞠躬，這時我的眼淚流了出來。國父孫中山先生您是世界偉人，我們都愛您。

　　時間過得真快，八天不知不覺過去，沒有留下什麼，一切空白，我感謝我的耶穌我的神，祢給我平安，給我們一個順服的心，度過這八天，平安的回到台灣。

京津行後的幾點感想

台客

　　由全統會主辦的「世博會暨北京、天津、廊坊參訪 8 日」，轉眼間即已結束。八日中的所見所聞，在腦海中留下陣陣漣漪，尚待沉澱。且一一道來！

一、誤點誤點

　　9 月 17 日搭國航 CA188 航班 18：45 起飛的班機，預計21：50 抵天津。原本已是很晚的行程了。想不到班機延誤了近2 個小時，直到晚上快 9 點才起飛，飛到天津時已是過了午夜。再搭大巴至數十公里遠的廊坊市旅館，已是午夜近兩點。真的有夠累有夠譙的。

　　而想不到 9 月 24 日回程更慘。原本是 14：45 起飛的飛機，整整延誤了 3 小時，直到下午快 6 點才起飛。在機場大廳苦苦等候，航空公司沒有任何人出面說明原因，補償（如發個水、麵包等）更免談。只是每隔十來分鐘播出令人生氣的延誤廣播聲音：「**您乘坐的班機延誤，正確登機時間不明，請耐心等待。**」

　　或許大陸航空公司就是這種水準吧！以後盡量少搭這家航空公司。也只能在心中暗暗自己告訴自己。無言的抗議！

二、護照遺失疑雲

　　美枝姐於旅遊第五天，發現她的護照掉了，怎麼找也找不到。她急得哭了，並向我說：「我將護照與台胞證放在束腰帶裡，每天連睡覺都放在身旁，怎麼可能？」我分析一下，最大的可能就是從塑膠套裡抽出台胞證給導遊時，不小心護照也掉出來。但掉也掉在飯店或車上，怎麼都沒有人發現或撿到？再想想台胞證只是一張卡，掉了有可能。護照可是一整本，怎可能會掉出來呢？但事實就是不見了！

　　經過兩天急辦掛失手續，美枝姐的情緒也總算恢復。她告訴我，她想起來怎麼遺失的。原來在 17 日松山機場登機排隊時，她曾拿著護照給我看資料，我看到她護照上沒簽名，就告訴她趕快簽一簽。想不到她簽完後，旁邊有人把護照拿去看，卻沒還給她！到底是什麼人，她怎麼想也想不起來。但那人應該是本團的人呀！若說當時忘了還，護照也還在那人手上，如今鬧得這麼大卻沒人反映。整件事仍是疑雲重重，成為此次出遊的懸案。

三、向 國父致敬

　　前往北京香山碧雲寺，向　國父孫中山先生致敬，是此行的重頭戲。20 日早上不到八點即由廊坊住宿酒店出發，抵達香山公園時已是上午近 11 點。由香山公園停車場走路並爬石階至　國父石雕寺院，還要近 20 分鐘。剛走不到兩百公尺，看到陡峭的石階，團裡的幾位年長者即放棄前往，原地休息。又走了十分鐘，團裡幾位體力較差者也爬不動了，原地休息。最

後抵達　國父石雕像的碧雲寺，僅有十餘位團員。

抵達後由吳會長整頓隊伍，三人一行，排成幾排，由團員 peter 陶擔任司儀，介紹本團來歷與此行目的。接著由我朗誦致 國父的「頌詞」。現場除了我們團員外，也有一二十位出遊的大陸同胞。他們在旁仔細聆聽，聽到司儀喊敬禮時，也和我們一起恭敬的敬禮。整個儀式就在莊嚴肅穆的氣氛中完成，前後費時約十分鐘！

值得一提的插曲。當整個儀式完畢，全統會由會長吳信義贈送給碧雲寺單位「兩岸一家親」牌匾並合影後，我見本團領隊發哥拿了幾本書贈送給碧雲寺相關人員，也急忙從背包裡拿出我的新著『種詩的人——八行詩 300 首』相贈。我之所以要贈這本書給碧雲寺單位，因為此書有一首題目就叫「香山碧雲寺」。當我拿出書贈送時，旁邊一位婦人看到了，趕緊過來問我此書還有沒有，她想買一本。可惜當時我身上僅帶一本，否則真的就能做成一筆生意了！

四、工商廣告服務

來到大陸第三天，趁著早上遊覽車由廊坊開往北京的途中，我走到車前面拿起麥克風來一段「工商廣告服務」。我介紹兩本書。第一本是『廣西參訪遊記』，這是全統會於兩年前組團至廣西參訪後的成果結晶。此次北京天津行，預計返回後也要再出版一本。另一本是我的最新詩集『種詩的人——八行詩 300 首』。這本書是我花了五十年的功力，絞盡數月的腦汁，才終於創作完成。當場並朗誦了幾首給大家聽，獲得大家的讚

賞！

　　經過我的工商廣告服務，以及吳會長的人氣勸募。最後，前一本書獲得大家贊助台幣 3 萬元，足夠印書費用。我的新書也獲大家贊助購買，收到 1 萬餘元。真的非常感謝大家的愛心，全統會有您真好！

五、觸奸柏的由來

　　京津行第三天上午來到北京雍和宮參觀。雍和宮是中國最大藏傳佛教寺院之一，清朝第三代皇帝雍正即位前的府邸，佔地十分廣大。其內建築巍峨壯觀，融合了漢、滿、藏、蒙民族特色。空地內遍植柏樹，皆已數百歲左右。我特別注意其中一株名為「觸奸柏」。

　　為何叫觸奸柏或辨奸柏呢？樹下有一牌匾說明。原來此柏植於元朝，至今已有七百多年。相傳明朝嘉靖期間，某次奸相嚴嵩代表皇帝前來舉行中樞祭典，走過此樹下時，突然一陣狂風吹起，把他的官帽吹落，形象變得狼狽不堪。後人認為此樹有靈，能辨忠奸，遂名之！

　　當然，歷史真假至今已不可考。但此段傳說反映老百姓對作威作福貪官的痛恨，讓人不能不

心生警惕！

六、腳踏車博物館

　　旅行第二天下午，我們來到霸州市博物館。館內收藏各種陶瓷、紡織等展品豐富。有一層樓專門收藏腳踏車，特別引起大家的興趣。看到各種造型奇特的腳踏車，有的前輪特別大，大到有些誇張；有的後輪特別大，讓人感覺不知要如何騎上它？有些腳踏車造型太奇特，像汽車、像火箭、像摩托車等等。世界上第一台腳踏車也搜羅其內，價值連城！而這些腳踏車每天都有專人保養，保證不生鏽且每輛輪子都轉得飛快，真是絕了！

　　參觀完了各式各樣的腳踏車後，緊接著來到播放室，觀賞有關腳踏車的歷史鏡頭。腳踏車曾是五、六○年代大陸各大小城市人民最普遍使用的代步工具。看到那種車海的狀況，至今仍令人震撼。也有些誇張的騎車鏡頭，如一輛腳踏車載了七八個人，一輛腳踏車載了滿滿的貨物，搖搖欲墜卻不墜。還有娶新娘鏡頭，大家一手騎車一手吹奏各種樂器，真的嘆為觀止！

七、托運行李發哥棒

　　本團王安邦校長（曾任警察大學校長），為人謙和、客氣。由於每天勤練氣功養身，雖然今年已近 90，但仍身體康健，走路步行不需依賴拐杖。此行，他也在公園內教大家幾個氣功招數，勤練必對身心有很大益處。

　　話說最後一日離境，在天津機場辦託運行李手續。王校長除了一個行李箱外，還有兩件紙箱行李。按規定一人只能託運一件，另兩件若要託運則需另行繳費。大家勸他不要託運，願幫他拿上飛機。但他怕造成大家的麻煩，堅持要託運。一秤重，要繳高達人民幣近兩千元（台幣約9千元）的運費。此時領隊發哥獲悉，迅速趕來處理。他請機場人員將兩大紙箱重新打包成一包託運，行李箱再由王校長手提上飛機，一毛錢也不用花。你說發哥棒不棒啊？

八、廣東會館聽相聲

　　旅行第七天上午星期一，我們來到天津的廣東會館聽相聲。聽說，原本星期一是休館的，應觀眾要求，加場演出。大家都抱著很大的期待。來到會館內，造型古色古香，觀眾也來了不少，幾乎客滿。

　　等了快半個鐘頭，好不容易開演了。想不到台上只有兩三位演員打竹板演到底。說話又快天津腔聽不明白。聽了幾分鐘大家興趣全無，但也不好意思提早離席，只能坐在位子上硬撐！好不容易演完了（約一個鐘頭），大家嘴上不說，想必內心暗罵。要演就要按步就班來，收了錢卻應付應付演出，太沒職業道德了！

九、年長者的福利

　　本團團員也是全統會副會長的張屏兄，今年高壽93，仍然紅光滿面，精神飽滿，說話中氣十足。在北京台灣會館召開兩

岸座談會時，北京市台聯黨組書記王蘭棟特別點名他發言，請教長壽養生之道。張屏兄中氣十足不疾不徐的講了好幾分鐘，聽得大家紛紛點頭稱讚！

　　旅遊途中，每到一個景點走路參觀，張屏老先生身旁總有同團美女相陪。有時甚至還兩人大手拉小手，一起去郊遊，看得我們這些「年輕人」十分欣羨。在旅遊倒數一天，吃完中餐大家在餐廳外聊天，大家打趣的虧他說，此行收穫豐盛，交了好幾個女朋友。張屏兄也哈哈的說：「這是給年長者的福利唄！」

十、孝子與孝女

　　本團的孝子公推張若鋆兄，他是張屏的兒子。和我同年，今年已 69 了。只要張屏走到哪，他就跟到哪，悉心照顧，無微不至。不止出國，即使在台灣也是如此。若鋆是一傑出工程師，年輕時在榮工處上班，曾奉派到多個國家服務。即使 65 歲屆齡退休了，台北市捷運局仍請他幫忙，每天由基隆搭火車到鶯歌捷運辦公室上班，直到去年才真正榮退。

　　本團孝女首推金玲。她是本團團員吳淑媛中醫師的長女。這次為了老媽來大陸，特別由杭州搭高鐵前來相陪。一路上盡心盡力，服侍老媽無微不至，並和大家打成一片，親如家人。聽說她在杭州還是成功的藝術家與企業家，但現也已退了。為表示敬佩，我特意贈送她和其妹金旗（去年寧夏旅遊時由她陪老媽時認識）每人各一本我的新詩集！

十一、天堂與牢房

「天壇」與「天堂」的發音近似,「廊坊」的發音與「牢房」的發音相近。某日我們白天去參觀北京天壇,晚上回廊坊酒店住宿。不知誰發音不準,說白天上天堂,晚上回牢房。大家笑成一片,也算旅途趣聞!

十二、喔喔喔聲不絕於耳

本團導遊王詩瑤,大家叫她小王。今年芳齡 20 出頭,剛從大學畢業不久,但從事導遊工作已有數年,經驗算豐富。她講話有北京或天津腔,尾音經常帶個「喔」,如「你們要乖乖的喔!」「不要吃壞肚子喔!」大家聽了十分新鮮,也紛紛學起她來,於是車上經常聽到「喔喔」聲不絕於耳,大家笑成一團。但大家公認,只有小王的「喔」聲最自然最好聽。

十三、本團裡的「黨」

全統會京津參訪團,全團共 27 位,又分多個黨派。分別有「父子黨」張屏、張若鋆。「母女黨」吳淑媛、金玲。「夫妻黨」王世輝、林秀珍,陶增山、周佳儀。「兄弟黨」吳信義、吳坤德。「兄妹黨」劉立祖、劉小英。「姊妹黨」邱麗霞、邱蓮霞;陳淑貞、陳美枝;吳珠延、陳秀梅;王蜀禧、刑學明。「鄰居黨」歐陽布、謝隘全。剩下林錦堂、葛建業、王安邦、廖振卿四人,為「無黨無派」。

本團雖然「多黨林立」,但幾天下來大家由互不相識,甚至吵吵鬧鬧,到最後和睦共處親如一家人。有福同享,有難同當。在最後一天機場道別時,紛紛露出依依不捨的表情,相約

下次有機會再一起同遊！

在此特別表揚一下「鄰居黨」的歐陽布與謝陘全兩位賢兄的愛黨愛國情操。在旅行第三天上午參觀雍和宮中國最大藏傳佛教寺院之一時，來到菩薩面前，大家紛紛雙手合十虔誠祈求！有人祈求健康，有人祈求發財。我見他們二人亦雙手合十，口中喃喃自語，遂趨前仔細聆聽。只聽到他們二人口中一直喃喃的說：「韓國瑜當選，韓國瑜當選……」原來他們二人是超級韓粉，且已到「走火入魔」的境地！而歐陽大兄送我一張名片，整張名片就是一面國旗，上面寫上自己的頭銜「中華民國榮譽國民」，此外無它！

十四、患難見真情

患難中才見得到真情的可貴。本團葛建業兄年已逾九旬，且行動不便。此行他有一天想脫團單獨行動，到蘆溝橋走一趟。領隊發哥不放心他一人前往，徵求團員中是否有人陪同？此時台北市長青銀髮族協會理事長陳淑貞跳出來，邀其姊妹王蜀禧、刑學明一同陪他前往，最終順利達成任務！

團員美枝丟掉了護照，她急得不知如何是好？此時本會副會長林秀珍、王世輝夫婦跳出來，四處打電話詢問如何辦理掛失手續，並親自陪美枝到公安局、機場辦理手續，最終圓滿達成任務！

　　團員林錦堂中醫師，此次由吳淑媛中醫師介紹參加本團。他和同室的葛建業兄並不認識。兩人同房後一路照顧到底，犧牲自己旅程的權益在所不惜，最終功德圓滿，阿彌陀佛！

十五、韓粉俱樂部

　　本團二十七位團員都是挺韓、挺國民黨，沒有一隻綠狗、綠蛆。旅程中由於台客所帶來『種詩的人』一書，其中第六輯「瑜你同在」30 首詩皆為韓家軍而寫，遂當場朗誦起來：「高雄發大財」、「穿雲箭」、「韓流」、「庶民的力量」、「他奶奶的」、「杏仁哥」、「強強滾」……。聽得大家一片叫好，鼓掌歡呼！當場高呼口號：「韓國瑜，凍蒜！」

　　而在與本團團員吳珠延老師的交談中，才知她曾在國民黨前立法院副院長曾永權的服務處工作過，現在則正在高雄為韓國瑜服務處幫忙打選戰。我當場拜託她替我轉交一本『種詩的人』給韓市長。吳老師也一口答應！

（2019.9.30 完稿）

參訪編後語

吳信義

　　北京參訪回台後，陸續忙著文稿之整理，自己要寫參訪記要，又要催請團員提供文圖，出版社要有沖洗好的照片註記，這些工作只好義不容辭接下來。

　　要刊登介紹團員的大頭貼，先請他們過目，許多意見，造成困擾，一修再改，太民主下，給自己添了不少麻煩。接下來是催稿，一延再拖，主編很辛苦，要編排標題、頁數，要校稿等繁瑣工作，非當事者不瞭解編輯之難，所幸我只負責彙整收齊文圖，一切繁瑣工作，全交由主編福成兄，我問他難否？他說喜歡做的事就不難，就像常寫作提筆快，不曾寫作提筆千斤重。要感謝團員陸續贊助印製所需經費，我徵信公告群組，董大師延齡顧問，特別主動來電，慷慨捐助伍千元，可貴的是他並沒參加此行參訪。

　　此次參訪北京、天津、廊坊等地，分別拜訪單位及本會贈送紀念牌「兩岸一家親」暨接受宴請單位：

　　贈牌 8 個單位：

　　　　一、北京市臺灣同胞聯誼會

　　　　二、北京市臺胞交流服務中心臺灣會館

　　　　三、北京市便宜坊烤鴨集團

四、北京市香山公園管理處

五、中共廊坊市委臺灣工作辦公室、廊坊市人民政府臺灣事務辦公室。

六、河北廊坊高新技術產業開發區安次高新技術產業園

七、河北永清經濟開發區現代服務產業園

八、霸州市華夏民間收藏館。

宴請單位如下：

一、廊坊市臺灣事務辦公室（段主任）

二、河北永清經濟開發區現代服務產業園（陳舉總裁）

三、北京市臺灣同胞聯誼會（王蘭棟書記）（臺灣會館館長王國防處長）

四、尚台樓涮羊肉宴請
　　（北京政界人士關大哥）

全統會《北京天津廊坊參訪紀實》

一書，團員贊助款芳名錄

1. 林秀珍：壹萬元
2. 董延齡、吳信義各伍仟元
3. 張屏、王安邦、陳淑貞、林錦堂、各貳仟元
4. 吳淑媛、金　鈴、葛建業、歐陽布、謝隘全、
   劉立祖、廖振卿、黃進發、陶增山、周佳儀
   十員每人壹仟元
5. 司馬千貳仟元
6. 本肇居士叁仟元
7. 彭莊伍仟元

　　以上合計 48,000 元，並將贊助人員芳名登錄
於書中，Line 先陸續徵信公佈之。

附件一

中國全民民主統一會會章

中華民國七十九年元月廿一日在台北市國軍英雄館
成立大會通過，同年二月七日第一屆執行委員會依
據成立大會授權修正
中華民國八十一年十一月十九日在台北市中山堂光
復廳第二次全國會員代表大會第二次修正
中華民國八十二年十月二十九日在中山堂第三次全
國會員代表大會第三次修正
中華民國八十五年十一月十二日在台北市仁愛路空
軍活動中心第四次全國會員代表大會第四次修正
中華民國八十九年九月二日在台北市八德路三段二
十號十一樓華新餐廳第五次全國會員代表大會
第五次修正
中華民國一〇五年元月十日第八屆會員代表大會修
第二十條（增列第二項）
中華民國一〇六年二月二十六日第八屆第二次會員
代表大會修第十二條

第一章　總　綱

第　一　條：本會定名為「中國全民民主統一會」，簡稱「全統
　　　　　　會」
第　二　條：本會以促進和平統一中國，及實行三民主義全民民
　　　　　　主為宗旨，反對一切有害中華民族生存發展的意識、
　　　　　　政策及制度。

第　三　條：本會依據中華民國人民團體組織法成立之政治團
　　　　　　　體、并為超黨派之組織。

第　四　條：本會採全民路線，結合海內外各地區、各職業、各
　　　　　　　階層愛國之人士，為全民之利益共同奮鬥。

第　五　條：本會以民主為基制，凡會議、選舉、及經決定之事
　　　　　　　項，共同遵守，徹底執行。

第　六　條：本會之領導方式為：

　　　　　　　一、以宗旨結合會員，以服務代替領導。

　　　　　　　二、以政策凝聚群眾，以情感強固組織。

第　七　條：本會會徽與會歌，由本會執行委員會訂定之。

第　八　條：本會會址設於中華民國中央政府所在地。

第二章　會　員

第　九　條：凡服膺孫中山先生之遺教及蔣中正先生遺訓而志願
　　　　　　　遵守本會會章者，均得申請加入本會為會員，入會
　　　　　　　辦法由本會執行委員會訂定之。

第　十　條：會員有左列之義務：

　　　　　　　一、宣揚與實踐本會宗旨。

　　　　　　　二、忠誠執行本會任務及參與活動。

　　　　　　　三、嚴守本會一切機密。

　　　　　　　四、聯繫民眾，服務民眾。

　　　　　　　五、介紹優秀人士入會。

　　　　　　　六、繳納會費。

第十一條：會員有左列之權利

　　　　　　　一、在會內會議上，有發言權、提案權及表決權。

二、在會內有選舉權、被選舉權及罷免權。

三、有向本會請求支援其參政之權。

四、有向本會各級組織直接反映民意見及提出檢舉之權。

五、有向本會請求維護其正當合法權益之權。

六、個人遭遇急難時，有向本會請求協助解決之權。

第十二條：本會會員，概以個別入會為原則，但不排贊同第九條規定之團體入會。

第十三條：會員有退會之自由，會員退會應以書面向所屬層級組織提出，所屬層級組織應就申請退會案件妥善處理後，遂級函報本會核備。

第三章　組　織

第十四條：本會組織體系及權職如左：

一、總會：會員大會或代表大會、閉會期間為本會執行委員會。

二、分會：省、市、縣《直轄市）級會員大會或代表大會、閉會期間，為分會執行委員會。

三、各級組織不得以組織名義加入其他人民團體或社團。

第十五條：海外及大陸地區設置組織比照前條原則之規定辦理。

第十六條：本會以外之機關團體中，凡有本會會員五人以上者，得設立會外小組，由本會直接領導或指定相關組織領導之。

第四章　精神領袖

第十七條：本會遵奉國父孫中山先生為精神總理。

第十八條：本會尊奉繼續國父遺志領導國家逾五十年之蔣中正
　　　　　先生為精神總裁。

第五章　會　長

第十九條：本會設會長，由全國會員代表大會選舉之，綜攬全
　　　　　會會務，並為全國代表大會，本會執行委員會及其
　　　　　常務委員會主席，對外代表本會。會長任期三年，
　　　　　連選得連任之。

第二十條：本會設副會長一至四人，襄助會長分理會務。副會
　　　　　長由會長推荐，經本會代表大會通過任聘之，其任
　　　　　期與會長同。會長出缺或因故不能視事，依次由副
　　　　　會長代理至會長原有任期屆滿或恢復視事時為止。
　　　　　本會必要時得設執行長一人，襄助會長貫徹本會宗
　　　　　旨；其產生方式與副會長同。

第廿一條：本會設有名譽會長、名譽副會長由本會會長或執監委
　　　　　員三分之一以上之推荐，提經代表大會通過禮聘之。

第六章　評議委員會

第廿二條：本會設評議委員會主席及評議委員若干人，以上人
　　　　　選均由會長推荐，提經代表大會通過後禮聘之。任
　　　　　期三年，并得續聘。評議委員會每年集會一至二
　　　　　次，由本會召集，評委會主席主持之。本會會長、

副會長參加，各業務主管列席，有關會務之推行及興革，應尊重評議委員之宏識與卓見。

第七章　本　會

第廿三條：全國會員代表大會每三年舉行一次，必要時得舉行臨時會員（代表）大會，由本會會長召集之。如有四分之一以上會員代表連署，請求召開時，會長應即召集。但延期不超過一年。

第廿四條：本會會員（代表）大會之職權及會員代表名額、任期、選任及解任，規定如左：

一、會員代表大會名額暨選、解任辦法如左：

㈠會員代表由分會就現有會員中推選產生，其名額由本會視分會會員數訂定之。

㈡會員代表任期三年，任期屆滿後自然解任，必要時得延長至召開下一屆會員代表大會為止。

二、會員代表大會職權如左：

㈠修改會章。

㈡決定本會階段性政治任務。

㈢審議本會執行委員會工作報告及預決算。

㈣選舉罷免會長。

㈤選舉本會執行委員會委員及監察委員會委員。

第廿五條：執行委員會由本會會員（代表）大會選舉廿七人至卅五人組成，并得選舉九至十二人為候補委員，任期三年，連選得連任。

執行委員互選九至十一人為常務執行委員，組成常

務執行委員會。

常務委員會原則上每月開會一次。

執行委員會至少每六個月開會一次，在閉會期間，其職權由常務委員會行使。

第廿六條：執行委員會職權如左：

　　一、執行全國會員代表大會之決議。

　　二、議決本會大政方針。

　　三、指揮本會各級組織。

　　四、議決本會重要人事。

　　五、培養管理本會幹部。

　　六、執行對外宣傳。

　　七、其他與本章程規定之有關事項。

第廿七條：監察委員會由本會會員（代表）大會選舉監察委員九至十一人組成，並得選舉三至四人候補監察委員，任期三年，連選得連任。

　　監察委員互選三人為常務監察委員，并得互選一人為召集人。

　　監察委員會至少每六個月開會一次，在閉會期間，其職權由常務監察委員行使，常務監察委員會之主席，由常務監察委員召集人擔任之。

第廿八條：監察委員職權如左：

　　一、監督執行委員會執行會務。

　　二、解釋本會會章。

　　三、稽核本會預算及決算。

　　四、糾正、懲戒有關違紀事項及人員。

五、會長諮商事項。

六、其他會章規定之有關事項。

第廿九條：本會設秘書長一人，承會長之命，策劃督導全會會
　　　　　務之推展；設副秘書長一至三人，協助秘書長處理
　　　　　會務。祕書長、副秘書長，均由會長提名，經常務
　　　　　執行委員會通過任命之。會長易人，秘書長、副秘
　　　　　書長應即總辭，由新任會長另行任命之。

第三十條：執行委員會之下，設秘書處、組織、文宣、社運、
　　　　　財務、行政、大陸、海外等工作組，其組織規程由
　　　　　執行委員會訂定之。

第卅一條：本會得聘請顧問若干人，由會長提名，經執行委員
　　　　　會通過後聘請之，聘期三年，並得續聘之。

第八章　分　會

第卅二條：本會之分會，每年舉行會員代表大會一次（或會員
　　　　　大會）各級執行委員會認為有必要或過半數之次一
　　　　　級組織請求時，得定期或召開臨時大會。

第卅三條：分會組織之會員代表大會或會員大會職權如左：

一、檢討各該會執行委員會之工作

二、決定各該會會務之決策方針。

三、選舉各該會執行委員及監察委員。

四、上級組織交議之事項。

第卅四條：分會執行委員會及監察委員會名額，由本會執行委
　　　　　員會議訂之。

第卅五條：分會執行委員及監察委員之任期均為三年，連選得

　　　　連任之：如因會員代表大會或會員大會延期召開，
　　　　未依規定改選新任執、監委員時，其任期延至完成
　　　　改選新任時為止。

第卅六條：分會均設主任委員一人，由會長提名，經執行委員
　　　　通過後聘任之。並得視實際需要設副主任委員一至
　　　　三人，均由主任委員提請委員會通過並層報本會核
　　　　備後任免之。總幹事承主任委員之命處理有關各該
　　　　會會務。

第九章　小　組

第卅十條：分會之下得以會員分佈狀況，分設小組，擔任會務
　　　　宣傳、連絡群眾、反映社情、吸收會員及收繳會費
　　　　等事項。

第卅八條：小組由會員三至十九人組成，並互選一人為小組
　　　　長，任期一年，連選得連任之。

第卅九條：小組以每三｜六個月舉行小組會議一次，連絡感情
　　　　及會務檢討，由小組長召集之。小組長認為必要時
　　　　得召集臨時小組會議。第四十條：小組對於特殊緊
　　　　急重大問題之反映，可越級直接反映至本會，並須
　　　　作適當之處理，或建請有關機關研處。

第四十條：小組對於特殊緊急重大問題之反映，可越級直接反
　　　　映至本會，並須作適當之處理，或建請有關機關研處。

第十章　紀律與獎懲

第四一條：本會會員須遵守左列規定：

　　一、不得違背會章。

　　二、不得洩露本會一切機密。

　　三、不得有損害本會會譽之行為。

　　四、不得在會內利用職權假公濟私。

　　五、不得在會內製造事端破壞團結。

第四二條：違反前條規定之會員，視其情節輕重，予以左列之
　　　　　懲戒：

　　一、警告。

　　二、留會察看六個月至一年。

　　三、停止會員權利一年至二年。

　　四、開除會籍。

第四三條：各級委員會違反紀律者，解散該委員會；某一組織
　　　　　之多數會員違反紀律者，除解散其組織外，重新登
　　　　　記審核會員會籍，另行重組該組織。

第四四條：對於表現卓越，成績優良之會員或組織，應層報本
　　　　　會予以獎勵。

第四五條：有關獎懲案件，由各及監察委員會依規定秉公處
　　　　　理；開除會籍之處分，應經本會執行委員會核准。

第四六條：不服懲戒者，得向上一級組織之監察委員會申復，
　　　　　但以一次為限。

第四七條：獎懲與懲戒辦法，由本會監察委員會訂定之。

第十一章　經　費

第四八條：本會經費來源如左：

　　一、新會員入會費。

二、會員常年會費。

三、社會各界捐助。

四、其他正常收人。

會員人會費及常年會費由本會執行委員會、監察委員會視實際情形訂定之。

第四九條：本會、分會執行委員會之下，應設財務委員會，負責經費之籌措與管理有關事宜。

第十二章　附　則

第五十條：本會章未規定之事項，悉依中華民國有關法令規章辦理。

第五一條：本會章經全國會員代表大會通過並報請主管機關核備後施行，修正時亦同。

附件二

〈全統會〉的創立與奮鬥

本會執行長　勞政武博士撰

　　〈中國全民民主統一會〉（簡稱全統會）成立於民國七十九（1990）年元月廿一日。是日上午在臺北市〈國軍英雄館〉中正廳召開成立大會，來自全省及海外的各界愛國人士濟濟一堂，不但坐滿了 540 個座位，而且站滿場內四周的走道。在主席團（由老中青三代代表：滕傑、何志浩、劉師德、解宏賓、陳志奇、勞政武及楊懷安共七人組成）的分別主持下，順利完成了法定程序；最重要的是通過了《會章》、《宣言》（我們的認識與信心）及推選滕傑先生為首任會長。

　　本會一成立，立即受到黨政界的高度注意。當日各晚報及翌日各大報都以大篇幅報道，甚至以頭條新聞方式登出。一個民間團體，何以受到這般的重視？若瞭解此團體成立的前因，乃至即將發揮的作用，其受重視是必然的。

　　所謂「前因」，必須追溯到六年前李登輝當上副總統後的政治野心逐漸顯露。所謂「作用」，就是廿日後國民黨召開〈臨中全會〉以至三個月後國民大會選舉李登輝、李元簇為第八任正副總統的政局激烈動盪。本文就是依這二大脈絡，作真實、全面而扼要的說明，以作歷史的交代。

成立的前因

先是，民國七十三年（1984）二月二十日，國民大會召開第七次會議。此次為期三十五天的會議，為的就是選蔣經國先生續任中華民國第七任總統，而以李登輝取代謝東閔為副總統。在開會的前一周，即二月十四、十五兩天，先召開〈國民黨中央第十二屆第二次全體會議〉，完成了蔣、李的黨內提名程序。

李登輝獲得黨的提名沒幾天，便透過黨部的接洽，專程到滕傑家拜訪，目的是要滕支持他。因為滕先生在國民大會當過書記長，而約有二分之一的老國代又是復興社出身的，滕可以影響他們投票。李登輝來拜訪，當然是蔣經國主席授意的，滕自當表示願意幫忙；滕明白地分析了國大內部的人事結構，支持他當選副總統並無問題。結果李得到了 873 票當選副總統，經國先生則以 1012 票當選總統。李的政治資歷極淺，有這成績不容易了。

李登輝當上副總統後，一直同滕維持往還，在許多方面滕也誠心盡力幫忙他了。民國七十七（1988）年元月十三日，經國先生逝世。總統位子依法由副總統接任，並無問題。然而〈中國國民黨主席〉一職該如何定奪？滕的想法同很多黨內老同志一樣，應該慎重處理。因為國民黨有其革命歷史傳統，而李登輝的資歷尚淺，不宜立即將黨政大權集於他的一身，故應暫採「集體領導」方式，待相當時機再選出黨主席。此事最低限度，也應辦完蔣故主席的喪事才處理。

但事情的演變常有出人意表者。經國先生逝世後不過三天，黨內一群人透過新聞炒作，鬧出一個關係重大的「代主席」事件。到了二十七日，恰是經國主席逝世後二星期，國民黨中

常會就在副秘書長宋楚瑜的強烈運作下，通過了〈李登輝任代理主席〉案。從這一事件的不單純，滕傑意識到國民黨前途的危險性；他想，這是孫總理到蔣總裁畢生奮鬥的事業，多少仁人志士為此而犧牲了，他自己個人也投入了一生，豈能袖手旁觀？於是有「推舉蔣緯國為副主席」以作補救之設想。

　　同年七月七日，國民黨召開〈第十三次全國代表大會〉，主要任務是：一、選出主席，二、向世人宣示傳承既有的「以三民主義統一中國」路線。至於改選中央委員、則是次要的應有之議。

　　開會之前，約在六月中旬，李登輝約滕傑先生到總統府見面。滕向李提出二點意見：一是要維持國民黨的「革命民主」屬性。二是為了維持黨的團結，應增設副主席，並以蔣緯國出任此職為最適當。對於第二點意見，滕特別說明，緯國這個人胸無城府，絕對不會有爭權的危險，但由他當副主席卻有良好的象徵性意義，能維持黨內的團結。對於第一點意見，李登輝立刻滿口答應。對於蔣緯國為副主席一事，他以較疲軟的語氣說：「如果大家同意的話，我沒有意見。」

　　滕聽他明白說出「沒有意見」之言，便放心去作正式的提案，並交給國大黨部幾位同志分頭去連署。幾天內竟連署了二百五十多人，便送到中央黨部去了。但直到〈十三全代會〉的「討論提案」程序，居然不見列有這個案子！滕追問黨部的人，都推說不知。滕心裏正納悶，當時任總統府副秘書長的張祖詒卻來對滕說了，那個「增設副主席案」，李先生不但不同意，而且對於另有人提的折衷案「請蔣緯國任中常委」，他也不同意。滕這才恍然大悟，李登輝說什麼「我沒有意見」原來是假的！滕這時心裏雖難過，但為了全黨團結，所以主動告訴

黨部，要把原來的「提案」改為同白萬祥聯名的「建議案」，讓李主席有個下臺階。當然這「建議案」最後也沒了下文。

尤有進者。此次大會中，有許多黨代表提議聘請蔣夫人宋美齡女士出任榮譽主席，同樣被「運作」而沒有了下文。全會之後，接著開〈中全會〉選舉中央常務委員，事後滕細閱三十一位中常委的名單，屬臺灣省籍佔十六位，恰好過半數。這種情況是空前的，當然又是李主席的意思。中國國民黨不但是全中國的政黨，而且是代表全世界華僑的全球性政黨，絕不是一個地域性政黨，這是從孫總理在海外革命開始形成的特性。現在國民黨實際在臺灣地區奮鬥，故而地方色彩重一些也是自然的。但若刻意以地域主義的用心去改換國民黨原有的宏規，箇中透露的訊息就非比尋常了。從此，滕傑對李登輝才真正起了戒心，種下二年後成立〈全統會〉推舉林洋港、蔣緯國與之對抗競選的因由。

從〈支援會〉到〈全統會〉

民國七十八（1989）年十月，為了因應年底即將舉行的三項選舉（立法委員、縣市長及省市議員），滕先生發起了一個名為〈中華民國各界支援賢能人士競選委員會〉（簡稱支援會）的組織。這個臨時性組織，以江蘇籍中央民意代表為主要發起人。在 200 餘位成員中，有 120 位具有國大代表身分。因為距離總統選舉不到五個月，十月十五日在台北市中山堂召開成立大會時，就引起了新聞界高度的興趣，各報記者紛紛來採訪。翌日許多報紙大作文章，說成立此組織是為未來正副總統選舉鋪路；如是說也非盡錯。

〈支援會〉隨後密集地開了多次動員會，民意代表參選人

周書府、苗素芳、蔣乃辛、楊實秋、張平沼、馮定亞、趙振鵬、洪冬桂、魏憶龍、郁慕明等人都受到了大力的推薦，他們後來也順利地當上了立法委員或省、市議員。選舉一完成，此組織任務終結而自然解散。但因著原有的基礎，在《龍旗》雜誌社全體工作人員努力下，接著就成立一個永久性的團體──〈全統會〉。

　　〈全統會〉一創立，外界猜測紛紛，各報都說是為了正副總統選舉而創立的。這也難怪，創立日距大選只有三個月，傳媒不斷來打探我們推的人選是誰。但滕先生為了尊重李主席，希望有挽回十三全代會缺憾機會，所以只向外界提出個凌空抽象人選標準：「誰能帶我們回大陸，誰就是最適當的人選。」其實此時我們在《龍旗》社內已密集地開會研究，比較當朝人物的種種條件，最後得出的結論就是「林洋港為正、蔣緯國為副」為最恰當的選擇。不過，如果能說服李登輝選蔣為副手，則是較能維持黨內團結避免政局動盪的選擇。這種寄望，一直到報紙傳出所謂「五標準」，才開始破滅；這是李登輝為李元簇量身特製的「標準」，等於公開否定了蔣緯國為副總統的可能性，直接導致〈臨中全會〉的大分裂。

〈臨中全會〉大分裂

　　民國七十九（1990）年二月十一日，國民黨召開〈臨時中央委員及中央評議委員全體會議〉（臨中全會），會程只有短短的一天，目的在正式提名總統、副總統候選人。會前的二天，就似「山雨欲來風滿樓」；滕傑分別密集地同李煥（時任行政院）、郝柏村（時任參謀總長）、王昇、言百謙（時任總政戰部主任）、楊亭雲（時任總政戰部執行官）、許歷農（時任退輔會

主委）交換了意見；滕先生同這些官員大都有師生之誼，他們完全贊成滕老師的構想。此外，滕又同百餘位國大代表及立法委員餐聚，形成一致的共識。最後，才告知林洋港、蔣緯國這幾天會見各界人士的情況和明天的具體行動計畫。林、蔣迅即回報同意滕的做法。

滕傑的計畫是什麼？很簡單，在會場先爭取提案並通過蔣緯國為副總統人選，即「李、蔣配」。如此議不被採納，則提出「林、蔣配」，要求黨內二組人出來競選，誰當選則由國民大會公決。

這次臨會過程曲折，一直籠罩在緊張而詭異的氣氛中；最後仍是被時已升任中央黨部秘書長的宋楚瑜強勢運作，終使李登輝得到勝利。此次會議，除滕傑領頭奮力主導外，計有周曉天、鄭逢時、郁慕明、吳建國、魏鏞、李煥、林洋港、張豫生等人均先後勇敢地上臺發言，主張不能以「和稀泥」違背民主的方式決定黨內正副總統人選。事後，郝柏村接受記者訪問也指出：「民主本來就是大家表示意見，動不動就指有意見的人是不團結，那叫什麼民主？」此次國民黨內公開分裂會議，正是日後的「主流派」（宋楚瑜為首的擁李派）與「非主流派」（滕傑為首的反李派）兩個新聞名詞之來由。

經過此次會議，「非主流派」雖然失敗，但讓許多人也看出了李登輝的真正用心了。十三日《民眾日報》就以「令人恐怖的李登輝時代」為題發表社論，強烈抨擊李氏的獨裁作風。這是國內報紙以社論批評元首的首例。

〈臨中全會〉開後，戰場轉到國民大會。因為依法規定，只要有一百名國大代表的連署，便取得正副總統候選人的資格。而正式選舉是用秘密投票的，二李想順利當選就很難了。

於是，〈臨中全會〉開後次日，即二月十二日清晨，李登輝和李元簇便展開逐戶拜訪國大代表的行動。這種行動當然是針對滕傑一方而來的「瓦解戰術」，並非他們真的對老國代有什麼敬愛之心。據國大代表王禹廷後來的文章透露，原來此時，李登輝已設立一個名為「友諒小組」的秘密單位，專門做瓦解我方的工作。他們不惜到每戶去拜訪，以便瞭解每位國大代表的家庭狀況，要錢的給錢，兒女要官的給官，只要不站在支持林、蔣一方便可。這麼一來，其效果自然奇大。很多代表到底年紀老了，談不上志氣，被他們這麼一弄，改變立場是自然的。

接下來幾日變得越來越緊張，滕傑每天一面要到陽明山中山樓去開會，一面應付窮追不捨的新聞記者，還要處理連署事宜。到了三月一日，就在臺北市杭州南路一段 63 號 6 樓成立了〈各界支持林、蔣助選總部〉，這裡也是〈全統會〉的會址及《龍旗》雜誌社的社址，勞政武實際負責總部的全般事務並兼對外發言人。

這時，從立法院到臺北市議會，出現了趙少康、陳炯松等人發出了譴責李氏獨裁的聲音，民間及海外支持我方的言論越來越強烈。李登輝、宋楚瑜他們大概已知情況嚴重，乃於三日下午約請黃少谷、謝東閔、袁守謙、陳立夫、李國鼎、蔣彥士、倪文亞、辜振甫所謂「八老」，在總統府開圓桌會，央求他們出面疏解林洋港的參選。這主要是針對我方明天將舉行的餐會而來的。

三月四日上午十一時，滕傑與 26 位國大同仁聯名邀請的餐會，在臺北市〈三軍軍官俱樂部〉舉行。國大代表二百八十多人出席，加上其他各界人士、新聞記者，一個只能容納五百人的會場擁滿了上千人。眾所周知，這個名為「餐會」的，實

質是〈林、蔣宣佈競選誓師大會〉。蔣緯國與林洋港先後蒞臨，全場起立，致以熱烈的掌聲。尤其林洋港進入會場時，來賓已爆滿，新聞記者一擁而上，弄得寸步難移，急壞了隨從的安全人員。林、蔣二位先生分坐在滕傑主席位子兩旁，數十名記者又一起擁上，擠得主席臺幾乎倒塌。此次餐會開得很成功。

三種無恥的戰法

　　事情發展到此，李宋他們竟展開三種惡劣無恥的戰法：一是對滕及他身邊的人展開文字攻擊、電話騷擾、黑函威脅種種行動，圖使我方心生恐懼知難而退。另方面則密集邀請「八老」對林洋港進行「整合」。三方面最兇險的，就是暗中策動學生群眾運動。這三方面戰線是依據「拉林、打蔣，醜化老國代」總方針而展開的。

　　他們最要不得的「打蔣行動」，便是於三月九日策動駐日代表蔣孝武，突然回臺北召開記者會，發表抨擊叔父蔣緯國的公開信，居然說緯國「假民主程序之名，圖奪權之謀」、「連花一秒鐘同他溝通都是浪費時間」，云云。如此不忠不義之事出現在蔣氏親屬中，令人震驚。

　　與蔣孝武攻擊叔父的同一天，下午二時三十分，林洋港突然在「八老」的簇擁下，向新聞界宣佈「婉辭國代連署提名」。事後多方證實，關鍵在蔡鴻文（時任臺灣省議會議長）昨晚夜訪林洋港，力勸林「不要被這些老國代利用」，否則臺灣百姓會視你為「台奸」，云云。這是非常嚴重的挑撥離間，非有相當經驗及高度智慧就難免上當。後來，滕傑透過人傳話給林洋港，請他試想：「今天是我推你當總統，不是你推我當總統，到底誰『利用』誰？你一旦當上總統就有處理一切的大權；唐

太宗尚且『逆取大位，順以保之』，這個深刻的道理宜參悟」！
六年之後，林洋港才堅決出面同李登輝競選總統，但一切已太
遲了，正是「天與不取，反受其殃」。他出了一本書名為《誠
信》，如果只是諷刺李氏這個人不誠不信，固無不可。但若對
李登輝真去講誠信，只有顯示了自己的憨直可欺。從林洋港這
次輕易被「整合」，到後來的李煥、王昇、郝柏村、李元簇、
邱創煥、宋楚瑜、連戰……等大員的遭遇，十餘年之中輪轉般
為李氏所欺玩；真是國運如斯，夫復何言！

　　策動民進黨和大專學生的群眾運動，自十二日開始便積極
在暗中進行。最可恥的手段是：先在陽明山國大審查會中利用
幾個不明事理的老代表，讓他們提出「自肥條款」。然後在輿
論上大肆報導這是「山中傳奇」的「政治勒索」，於是激發一
些群眾上山抗議，造成流血衝突事件。隨後，到了十五日，各
地民意機構及各大專院校學生會都發表聲明，一致聲討「國大
老賊」的「自利行為」。十七日，大量學生及民進黨群眾到臺
北市中正紀念堂廣場靜坐示威。翌日，李登輝透過教育部長毛
高文發表親筆函，高度讚揚學生此舉為「愛國表現」。學生仍
然靜坐下去，一直到二十二日正副總統當選（李登輝 668 票、
李元簇 602 票），為期六天的學生運動才解散。由此足證，李
氏是在用盡可恥手段和策動學生群眾「保送」下才當選的，他
的大位得來並不光彩。此論斷就是歷史的公正評價。

　　先是，林洋港被「八老」脅迫下聲明退選之後，蔣緯國本
來要堅持到底。但到了十五日，群眾運動已發展到猛烈的程
度，此時已傳出消息：李氏將策動一些民進黨徒包圍士林官邸
脅迫蔣夫人宋美齡女士。下午約六時，蔣緯國來電要滕先生緊
急上陽明山商議。勞政武陪同到了陽明山華岡丁中江的寓所，

蔣及丁已在靜候。蔣對滕分析了凶險的情勢，強調說「個人生死可置於度外，但不能連累老夫人」。滕看事已至此，已沒有堅持下去的必要，於是要勞政武即席起草〈停止徵召聲明〉。經滕及蔣逐字斟酌之後，連夜作業，翌日九時即在臺北市杭州南路〈助選總部〉發布。

臺灣的價值

　　事情繼續發展下來，當然不如滕傑所望。民國七十九年（1990）三月二十二日方選完正、副總統，立法院在四月三十日就通過一個由陳水扁領頭提案，聲請大法官會議解釋：第一屆中央民意代表（即在大陸選出的國大代表、立法委員及監察委員）已不符「國民主權原則」，在憲法原意上有疑義，云云。此時立法院席次仍由國民黨控制之中，這個提案竟能迅速通過，不用說就是李登輝串通陳水扁的傑作。此案提到司法院，只有二個月即完成了第 261 號解釋，六月二十一日司法院就公布了。這號解釋規定滕傑這些老民代「應在民國八十年十二月三十一日以前終止職權」，但並無任何道及應設全中國性代表的規定。李登輝的「台獨」夢又向前邁進了一大步。

　　臺灣在世界地圖上，只是個小島。四十多年來我們在這個島上生聚教訓，把它建設成為中國的模範區，是「四小龍」之首，成為民族復興的希望，這是臺灣真正價值所在。但如果李登輝這類人，以為可以用這個小島閉關自守，稱王稱霸，那就是夜郎自大了，臺灣的前途也凶險了。

　　臺灣有今天的成果，那是全大陸的菁英分子在此與臺灣人民共同胼手胝足奮鬥幾十年的結果。如果李登輝等少數褊狹人士，以為高唱地域主義，排斥「外省人」，便可以使政權牢固，

那就是大錯了。中國歷史上沒有地域主義成功的例子。近代史上有兩個人搞地域主義的下場很悲慘：一個是洪秀全，他只重用兩廣的客家人。一個是汪精衛，他的南京偽政府有「廣東同鄉會」之譏。李登輝正是一種更褊狹心態，縱使奪得大位風光一時，他今後面對的將是中華民族億萬人的共同力量，他的下場是必然可悲的。

寧共毋獨

在這場仗打完之後，〈全統會〉接得北京〈黃埔同學會〉來函邀請滕會長前往訪問。滕先生考慮再三，決定先派人去瞭解情況。七十九（1990）年五月，由〈全統會〉評議會主席、黃埔一期的鄧文儀任團長、勞政武任秘書長的一個九人團，到北京受到最高規格的接待。鄧小平、聶榮臻、徐向前等中共最高層人士都接見了他們，並交換了如何消除分離主義促進中國和平民主統一的許多意見。他們回到臺北，說明了一切，滕會長因之深感今天的中共已有根本性轉變，實質是回歸到孫中山總理的精神了。因此，他多次向「全統會」同志強調：今後國民黨應走「寧共毋獨」的道路，也就是說：我們寧可跟中共合作，也不能容忍「台獨」！

在一次會議上，滕會長感慨地說：「我當年組力行社，為的是抵抗日本的侵略，本質是民族主義的。不料年屆耄耋而支持林、蔣，為的是反對台獨分離主義，本質依然是民族主義的。這種遭遇，無以名之，只好名之曰天命了！個人的天命必有終止的一天，但我看到了同樣的天命已落到海內外每一位有作為的炎黃子孫身上，自己就感到無比的安慰了。」

滕傑先生（1904-2004）在此次行動後不久，因年事已高，

將〈全統會〉會長一職交給陶滌亞（1912-1999）；陶先生是黃埔六期畢業，曾任海軍總部政治部中將主任。陶逝世後，由王化榛（1926-）接任，王先生曾任臺北市警察局副局長、國大代表。二十多年來，該會在陶、王二位先生領導下，秉持滕先生創會宗旨，為兩岸交流而努力不懈。今（2016）年春，王先生自忖已到九十高齡，乃堅持把會長職務交給吳信義（1944-）。

現任會長吳先生，畢業於〈政戰學校〉政治系十四期，曾任〈臺灣大學〉的主任教官；他有德有才而具容眾雅量，今後〈全統會〉當可穩妥傳承下去且有大發展。古人有言：「靡不有初，鮮克有終」，一種思想或精神，會被人長久堅守下去，必有真理存在。〈全統會〉能長久堅持傳承下來，證明它揭櫫的宗旨正是真理，也證明了歷代會長及志士同仁有真本事。但這種真理存在只是基本的主體條件，欲有大發展卻是要有客觀環境的；正如《莊子》所說：「大鵬摶扶搖而上者九萬里」，若扶搖的風力不夠博厚，則負大翼也無力，大鵬當然上不了九萬里。落實以言，〈全統會〉近廿年無大發展，洵是客觀環境所致。自吳先生接任會長，客觀環境卻突變了，蔡英文登上中華民國第十四任總統之位，竟然不承認「九二共識」、否定「兩岸同為一個中國」，走上「柔性台獨」凶險路，這也是〈全統會〉的新時代來臨，英雄有用武之地了。

2016/9/18

註：關於〈全統會〉的創立詳情，可參《龍旗》108 期，民國79 年 2 月號。
關於〈全統會〉創立初期奮鬥的詳情，可參《從抗日到反獨——滕傑口述歷史》第 15 章，勞政武編著，淨名文化中心出版，民 104 年 9 月再版。